essentials

Essentials liefern aktuelles Wissen in konzentrierter Form. Die Essenz dessen, worauf es als „State-of-the-Art" in der gegenwärtigen Fachdiskussion oder in der Praxis ankommt, komplett mit Zusammenfassung und aktuellen Literaturhinweisen. Essentials informieren schnell, unkompliziert und verständlich

- als Einführung in ein aktuelles Thema aus Ihrem Fachgebiet
- als Einstieg in ein für Sie noch unbekanntes Themenfeld
- als Einblick, um zum Thema mitreden zu können.

Die Bücher in elektronischer und gedruckter Form bringen das Expertenwissen von Springer-Fachautoren kompakt zur Darstellung. Sie sind besonders für die Nutzung als eBook auf Tablet-PCs, eBook-Readern und Smartphones geeignet.

Essentials: Wissensbausteine aus Wirtschaft und Gesellschaft, Medizin, Psychologie und Gesundheitsberufen, Technik und Naturwissenschaften. Von renommierten Autoren der Verlagsmarken Springer Gabler, Springer VS, Springer Medizin, Springer Spektrum, Springer Vieweg und Springer Psychologie.

Michaela Brohm

Positive Psychologie in Bildungseinrichtungen

Konzepte und Strategien für Fach- und Führungskräfte

Prof. Dr. Michaela Brohm
Universität Trier
Trier
Deutschland

ISSN 2197-6708   ISSN 2197-6716 (electronic)
essentials
ISBN 978-3-658-13048-0   ISBN 978-3-658-13049-7 (eBook)
DOI 10.1007/978-3-658-13049-7

Die Deutsche Nationalbibliothek verzeichnet diese Publikation in der Deutschen Nationalbibliografie; detaillierte bibliografische Daten sind im Internet über http://dnb.d-nb.de abrufbar.

Springer
© Springer Fachmedien Wiesbaden 2016
Das Werk einschließlich aller seiner Teile ist urheberrechtlich geschützt. Jede Verwertung, die nicht ausdrücklich vom Urheberrechtsgesetz zugelassen ist, bedarf der vorherigen Zustimmung des Verlags. Das gilt insbesondere für Vervielfältigungen, Bearbeitungen, Übersetzungen, Mikroverfilmungen und die Einspeicherung und Verarbeitung in elektronischen Systemen.
Die Wiedergabe von Gebrauchsnamen, Handelsnamen, Warenbezeichnungen usw. in diesem Werk berechtigt auch ohne besondere Kennzeichnung nicht zu der Annahme, dass solche Namen im Sinne der Warenzeichen- und Markenschutz-Gesetzgebung als frei zu betrachten wären und daher von jedermann benutzt werden dürften.
Der Verlag, die Autoren und die Herausgeber gehen davon aus, dass die Angaben und Informationen in diesem Werk zum Zeitpunkt der Veröffentlichung vollständig und korrekt sind. Weder der Verlag noch die Autoren oder die Herausgeber übernehmen, ausdrücklich oder implizit, Gewähr für den Inhalt des Werkes, etwaige Fehler oder Äußerungen.

Gedruckt auf säurefreiem und chlorfrei gebleichtem Papier

Springer Fachmedien Wiesbaden ist Teil der Fachverlagsgruppe Springer Science+Business Media
(www.springer.com)

Was Sie in diesem *essential* finden können

- Konzepte und Strategien zur positiven Energetisierung von Individuen und Organisationen
- Impulse für einen motivierenden, Menschen stärkenden Führungsstil
- Eine Einführung in die Positive Psychologie für BildungsorganisationenInhaltsverzeichnis

Inhaltsverzeichnis

Hoch energetisch ist die positiv-psychologisch geführte Organisation: Alles fließt, die Mitarbeiterinnen und Mitarbeiter sind stark motiviert, selten krank, unterstützen sich gegenseitig, produzieren Ideen und setzen diese auch um, sie arbeiten im Flow, sind zufrieden in ihrem Job, bringen hohe Outputs und sind psychisch „gut drauf". Die Personalfluktuation ist gering, die Produktivität hoch. Klingt allzu fantastisch, stimmt aber tendenziell wohl. Im Kern geht es demnach bei der Positiven Psychologie in Organisationen – und so auch in Bildungsorganisationen – um die Energetisierung von Mensch und Organisation; um deren Verlebendigung.

Diese Verlebendigungsprozesse werden in der Positive Organizational Scholarship (POS) – der positiven Organisationsforschung – untersucht und manifestieren sich in einem spezifischen Führungsstil, dem Positive Leadership, denn häufig gehen die wachstumsfördernden Impulse von der Führungskraft aus.

Und letztendlich führen wir ja fast alle als Mitarbeiter/in in Bildungsorganisationen: Ob Präsident/in, Schulleiter/in oder Oberstudiendirektor/in, ob Lehrperson, Dozent/in, Sozialarbeiter/in, Professor/in oder Weiterbildner/in – wir alle führen Menschen durch Entwicklungsprozesse und lenken Seminargruppen, Abteilungen, Teams, Klassen oder Forschergruppen. In diesem Sinne richtet sich dieser Band an alle Menschen, die im Bildungsbereich führen, denn sie alle sind Führungskräfte. Somit zeigt dieser Band einen Weg zur Energetisierung von Organisationen, Klassen, Seminaren, Vorlesungen usw.

Der positive Organisationsgedanke stammt aus der Positiven Psychologie, einer psychologischen Richtung, die jene Elemente untersucht und zu stärken sucht, die Menschen und Organisationen „aufblühen" (flourish) lassen. Mit esoterischen Glücksversprechen, Glaspyramiden und schlichtem Positiv-Denken hat das nichts zu tun, da sie eine Forschungsrichtung ist, die ihre Erkenntnisse ausschließlich aus wissenschaftlich abgesicherten Befunden zieht.

© Springer Fachmedien Wiesbaden 2016   1
M. Brohm, *Positive Psychologie in Bildungseinrichtungen,* essentials,
DOI 10.1007/978-3-658-13049-7_1

Vielmehr fokussiert sie sich auf die positiven Entwicklungen, da die empirischen Befunde nahelegen, dass, „wenn positiven Faktoren stärkeres Gewicht gegeben wird als negativen Faktoren, Individuen und Organisationen die Tendenz haben zu wachsen" (Cameron und McNaughtan 2014, S. 458). Und somit versuchen die entsprechenden Forschungsansätze auch zu erklären, „warum einige Strategien und Praktiken generativer wirken als andere. Eine wichtige Funktion des Fokusses auf positivem Wandel ist es daher, eine höhere Aufmerksamkeit auf Prozesse und Praktiken zu richten, die heliotropische (dem Licht zugewandte, M. B.) Effekte freisetzen und die Ressourcen erhöhen" (ebd. S. 458).

Auf der anderen Seite werden negative Phänomene, wie etwa hoher Wettbewerbsdruck, Konflikte, dissoziales oder unproduktives Verhalten, in der Positiven Organisationsentwicklung nicht ignoriert, sondern im Sinne von wachstumsfördernden Entwicklungsherausforderungen interpretiert. Darüber hinaus betonen positive Führungsansätze richtungsweisend, dass Führungskräfte und Organisationen ethisch verantwortlich dafür sind, einen Beitrag zum Wohle der Menschen zu leisten – sich also ganz klar auf Werte zu beziehen, die über das schlichte Diktum der Profitabilität hinausgehen.

Die Banken- und Finanzkrise vor einigen Jahren, der VW-Betrug bei den Dieselnormwerten, das gekaufte Sommermärchen im vergangenen Herbst, Doktorarbeiten, die aus dem gestohlenen geistigen Eigentum anderer stammen, manipulierte Forschungsbefunde u. v. m. – all das deutet klar darauf hin, dass die öffentliche Sensibilität im Umgang mit der Wahrhaftigkeit zunimmt. Es geht somit letztendlich auch darum, „Scheineliten" ohne ethische Verantwortung in Organisationen zu verhindern, da sie das Gemeinwohl gefährden und verlogene Ansätze langfristig nicht zum gesellschaftlichen Wohlergehen führen. Und mehr noch: Langfristig scheint es klar zielführender und damit auch lukrativer, wenn ethisch gefestigte Führungskräfte das Wohlergehen der Menschen im Sinn haben und mit ihren Organisationen die menschlichen Bedingungen verbessern. Universitäten, Schulen, Kindergärten und Weiterbildungseinrichtungen könnten hier Vorreiter sein, da sie gesellschaftliche Prozesse beforschen, vordenken und Werte an die nachfolgenden Generationen weitergeben (Brohm und Endres 2015). Aus dieser frischen Konstellation Bildungsbereich und Positive Psychologie entwickelt sich eine brisante Mischung zur Steuerung in und von Bildungsorganisationen.

Positive Psychologie in Bildungsorganisationen

Bevor wir uns dem zuwenden, was uns und unsere Organisation wirklich stärkt, hier ein kurzer Blick auf den ernüchternden Ist-Zustand: Das sich ständig erhöhende Tempo gesellschaftlicher Prozesse durch die Technologisierung, die zunehmende Entgrenzung der Arbeits- und Bildungsmärkte bei gleichzeitiger Steigerung der Rationalisierung und Standardisierung führen im Kern zu jenem Effektivitäts- und Effizienzparadigma, das ursprünglich aus neoliberaler Ökonomisierung stammt und Schulen, Hochschulen, Weiterbildungen und inzwischen sogar immer öfter auch Kindergärten in den Griff nimmt – jenseits aller humanistischer Bildungsideale von Ruhe, Tiefe und Reifung. Dieses hat negative psychosoziale Folgen für die Mitarbeiter/innen und Lernenden in den Bildungsorganisationen. Positivpsychologische Steuerungsansätze wirken dem entgegen und stärken Individuum und Organisation.

2.1 Positive Bedarfe

Effektivität und Effizienz heißt zuvorderst: Schnell und schlau sollen sie sein, die Schüler/innen und Studierenden, schnell und schlau lehren und forschen sollen sie, die Lehrer und Hochschullehrer, damit sie die nächste Generation im Eilschritt fit machen für den internationalen Wettbewerb um die besten Köpfe. Denn Zeit und Wissen sind die zentralen Wettbewerbsvorteile unserer Bildungsgesellschaft. Engmaschige Systeme der Rechenschaftslegung sollen die Outputs garantieren: Evaluation, (System-)Akkreditierung, Bildungsstandards, Qualitätsentwicklung, Lernstandserhebungen u. v. m.

Parallel werden wachsende Krankenstände wegen psychischer Probleme bei Erwachsenen berichtet sowie steigende Depressions-, Burnout- und Psychopharmakaraten, auch bei Heranwachsenden und Kindern (Bund 2014). Und noch mehr:

© Springer Fachmedien Wiesbaden 2016
M. Brohm, *Positive Psychologie in Bildungseinrichtungen,* essentials,
DOI 10.1007/978-3-658-13049-7_2

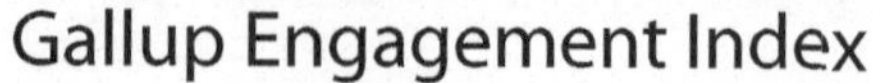

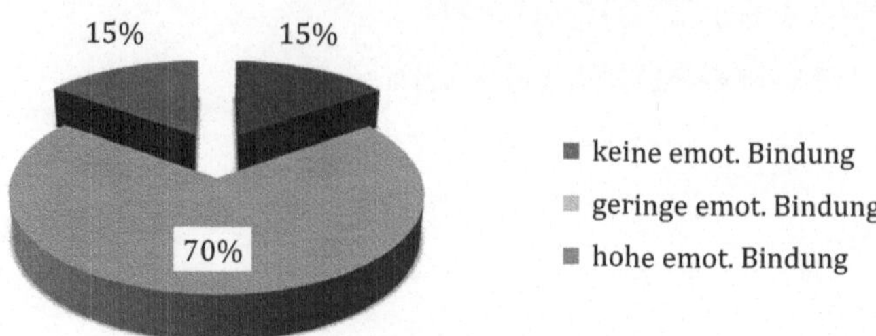

Abb. 2.1 Emotionale Bindung an den Arbeitsplatz. (In Anlehnung an Gallup 2014)

Kinder und Heranwachsende zeigen zunehmend selbstverletzendes und dissoziales Verhalten, also „Ritzen", Mittelkonsum, Essstörungen, Mobbing, Aggressionsstörungen, Delinquenz u. a. m. (Brohm 2009).

Richten wir nun auch noch den Blick auf das Engagement deutscher Arbeitnehmerinnen und Arbeitnehmer, so liefert uns das weltweit tätige Markt- und Meinungsforschungsinstitut Gallup seit Jahren wiederkehrend robuste Befunde. Gallup geht es dabei insbesondere um die Identifikation, die emotionale Bindung der Arbeitnehmer/innen an ihren Arbeitsplatz, anhand des „Gallup Engagement Index". In der aktuellen repräsentativen deutschen Studie wurden 2034 Arbeitnehmer/innen aus Unternehmen und dem Öffentlichen Dienst befragt (Abb. 2.1). Die Mehrheit fühlt sich ihrem Unternehmen nicht verbunden (Nink 2014).

Die Identifikation mit der eigenen Arbeit ist bei 70 % der Arbeitnehmer/innen gering; sie fühlen keine echte Verpflichtung ihrer Arbeit gegenüber. Bei weiteren 15 % ist diese gar nicht vorhanden. Die restlichen 15 % fühlen sich ihrem Arbeitsplatz und ihrem Unternehmen gegenüber emotional hoch gebunden und zeigen entsprechende Leistungen. Die Tabelle (Tab. 2.1) zeigt die Folgen dieser Bindungsverhalten für die Organisation.

Das heißt, 85 % (!) der Beschäftigten sind „unengagiert bis hin zur inneren Kündigung" (Berkemeier 2014, o. S.), liefern unzureichende, mangelhafte oder richtiggehend destruktive Ergebnisse, stecken ihre Kolleg(inn)en damit negativ an und ziehen das Organisationsklima „runter", sind hoch Burn-out-gefährdet und/ oder verursachen hohe Fluktuationskosten durch erneute Stellenausschreibungen, Einarbeitungszeiten, Wissenstransferkosten, Know-how-Verluste, von den vorgängigen Reibungsverlusten gar nicht erst zu sprechen. Diese Gruppe weist im Schnitt fünf Fehltage im Jahr mehr auf als ihre engagierten Kolleg(inn)en. Gallup beziffert den Verlust, der allein dadurch entsteht, auf rund 252 € pro Fehltag und

Tab. 2.1 Berufliches Engagement. (In Anlehnung an Nink 2014; Berkemeier 2014)

Emotionale Bindung zum Arbeitsplatz	%	Beschreibung und Produktivität	Burn-out-Gefährdung und Fluktuation
Keine	15	„aktiv unengagiert"	60 % Gefühl, ausgebrannt zu sein
		Zeigen deutlich negative Einstellung ggü. Arbeit und Arbeitgeber	14 % können sich vorstellen, ges. berufliche Laufbahn bei derzeitigem Arbeitgeber zu bleiben – 19 % auf der Suche, 26 % schauen sich um
		Unproduktiv, oft innere Kündigung vollzogen	Hohe Fluktuation
		Extrem frustrierte MA	8,8 Fehltage/Jahr = 132 % höhere Fehlzeiten als bei der hoch gebundenen Gruppe
		Unerwünschtes Verhalten zu Lasten der Organisation	
Geringe	70	„unengagiert": Dienst nach Vorschrift	36 % Gefühl, ausgebrannt zu sein
		Keine echte Verpflichtung ihrer Arbeit gegenüber	50 % können sich vorstellen, ges. berufliche Laufbahn in derzeitiger Firma zu bleiben
		Demotivation, mangelndes Vertrauen, Distanz, Enttäuschung über Führungsentscheidungen = schlechtes Betriebsklima und geringe Arbeitszufriedenheit = langfristig schleichender Qualitätsverlust	Hohe Fluktuation
		Minderleistung, Kreativitätsverweigerung, Ohnmacht bei MA	6,5 Fehltage/Jahr = 71 % höhere Fehlzeiten als bei der hoch gebundenen Gruppe
Hohe	15	„engagiert"	21 % Gefühl, ausgebrannt zu sein
		Loyal der Organisation gegenüber	76 % können sich vorstellen, ges. berufliche Laufbahn in derzeitiger Firma zu bleiben, 1 % auf der Suche, 6 % schauen sich um
		Produktive Arbeit	Geringe Fluktuation
		Empfinden Arbeit als befriedigend	3,8 Fehltage/Jahr = geringere Fehlzeiten als in obigen Gruppen
		Volle Identifizierung mit Organisation	
		Herausragende Leistungen	

Mitarbeiter. Bei 2000 Mitarbeiter(inne)n sind das rund 1,3 Mio. € Kosten für die Organisation. Schlappe 15 % (!) zeigen hingegen eine stark positive Haltung, hohe Produktivität, proaktives, unterstützendes Verhalten, geringere Burn-out-Gefährdung, geringe Fluktuation und schließlich geringe Fehlzeiten.

Allein der aus dem unengagierten Verhalten erwachsende volkswirtschaftliche Schaden wird von Gallup auf circa 85 Mrd. € geschätzt; es sind die Kosten, welche durch mangelhafte Bindung, damit einhergehende Fluktuation, hohe Fehlzeiten und niedrige Produktivität erwachsen.

Und so sind wir bei den Gründen: Die oben skizzierte wachsende Arbeitsverdichtung und die damit einhergehende Stressbelastung tragen aus Arbeitnehmersicht zum geringen Engagement bei, als wichtigster Grund aber wird ein anderer genannt: das „schlechte Management" – das unfruchtbare Führungsverhalten der Vorgesetzten. „Die Hauptrolle in diesem Prozess spielt fast immer der direkte Vorgesetzte, der das Arbeitsumfeld bewusst oder unbewusst am stärksten prägt. Seine Bedeutung lässt sich daran erkennen, dass 75 % der Gründe, die für ungewollte Fluktuation genannt werden, direkt von der Führungskraft beeinflusst werden können. Das heißt: Aus motivierten Mitarbeitern werden Verweigerer, wenn sie in einem Arbeitsumfeld tätig sind, in dem ihre zentralen Bedürfnisse und Erwartungen bei der Arbeit über einen längeren Zeitraum ignoriert werden" (Nink 2014, S. 9).

In der aktuellen Kienbaum-Studie zum Engagement von Mitarbeiter(inne)n erweisen sich die Mitarbeiter/innen des Öffentlichen Dienstes gar deutschlandweit als die unengagiertesten. Sie erzielten lediglich einen Indexwert von 55 Punkten, was im Vergleich zu den Angestellten des Dienstleistungssektors (63 Punkte) oder des Finanz- und Versicherungssektors (62 Punkte) deutlich niedriger ist (Kienbaum 2014, o. S.). Doch es gibt Wege aus dem Tief.

Hier nur so viel: Es scheint dringend geboten, neben dem Effektivitäts- und Effizienzparadigma ein zweites in den Blick zu nehmen, welches auf das Wohlbefinden und die damit einhergehende positive Energetisierung aller am Lehr-Lern-Kontext Beteiligten ausgerichtet ist; ein neues Paradigma für die Führung von Schulen, Hochschulen, Kindergärten und Weiterbildungseinrichtungen. Und nicht nur das: ein neues Führungsparadigma für die Lehr-Lern-Prozesse selbst, ein Führungskonzept für die positive Lenkung von Klassen, Arbeitsgruppen, Seminaren und Vorlesungen. Denn wohlbefindliche Menschen sind im Schnitt psychisch und physisch gesünder, motivierter, leistungsstärker und sozialverträglicher (Brohm 2015). Glücklich sein stärkt, macht resilient gegen psychosoziale Anfeindungen und steigert die Arbeitsleistung wie auch die Lern- und Entwicklungsfreude. Letztendlich macht Wohlbefinden somit auch effektiver, denn egal, wie gut eine Organisation aufgestellt ist, letztendlich ist sie immer nur so gut wie die Menschen, die in ihr arbeiten.

2.2 Positiver Organisationswandel

Angesichts dieser Befunde stellt sich nun die Frage, wie wir die Forschenden, Lehrenden, das nichtwissenschaftliche Personal und die Lernenden in unseren Bildungseinrichtungen stärken könnten. Empirisch gesicherte Antworten bietet hier das Konzept der Positiven Psychologie, welches der US-amerikanische Psychologe Martin Seligman federführend anregte: Positive Psychologie erforscht auf wissenschaftlicher Grundlage positive Ressourcen in Individuen, Gruppen und Organisationen; untersucht jene Faktoren, welche zur Stärkung positiver individueller und organisationaler Entwicklungen beitragen, und intendiert insbesondere die Stärkung des Wohlbefindens und somit auch der Leistungsstärke von Mensch und Organisation. Auf dieser Grundlage können wir inzwischen genau jene stärkenden Elemente definieren. Es sind:

- positive Gefühle,
- Engagement/Motivation,
- Sinn-Erleben,
- stärkende Beziehungen und das
- Gefühl, wirksam, also erfolgreich, zu sein.

In der Positiven Psychologie sind sie als „PERMA"-Modell bekannt: Positive Emotions, Engagement, Relations, Meaning und Accomplishment. Positiver Organisationswandel zielt darauf ab, diese Elemente in den Organisationen zu stärken.

In den letzten Jahrzehnten tut sich einiges in der Arbeits- und Organisationsforschung: Schleichend wendet sie sich ab von der Beforschung belastender Organisationsentwicklungsthemen und richtet ihren Blick zunehmend auf die Stärken und Entwicklungspotenziale der Organisationen. Kim Cameron, der „Papst" der Positiven Organisational Scholarship (POS), berichtet (2014), dass beispielsweise im führenden US-Journal JABS innerhalb der letzten zehn Jahre der Anteil von Forschungsbeiträgen, die sich mit positivem Organisationswandel beschäftigen (positive, flourish, virtuous, empowerment), um 101 % stieg.

Diese POS zielt darauf ab, die „Fähigkeiten und Aktivitäten zu erkennen, welche zum Aufblühen von Menschen und Organisationen führen" (ebd., S. 446). Der Positive Organizational Change (POC) beschreibt auf dieser Grundlage die zielführenden Strategien. Dabei sind POS und POC nicht wertneutral, sondern konnotiert mit gedanklichen Begleitvorstellungen (Abb. 2.2).

1. **Annahme einer positiven Perspektive:** Die POS untersucht, genau wie die traditionelle Organisationsforschung, Misserfolge, Schwierigkeiten und Scheitern

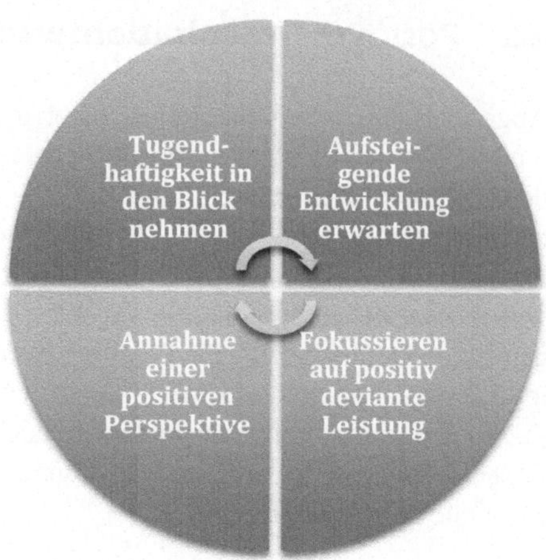

Abb. 2.2 Vorannahmen der POS

sowie Erfolge und positive Entwicklungen. Jedoch fokussiert sie dabei ihre Aufmerksamkeit auf die vitalen Elemente oder produktiven und generativen Prozesse, die mit diesen Phänomenen verbunden sind. Häufig stimulieren die Schwierigkeiten erst zu einem Wachstum, welches ohne diese nicht möglich gewesen wäre (Cameron 2014). Es geht also nicht darum, „Negatives zu eliminieren, sondern es in Wachstumschancen zu transformieren" (Cameron 2012, S. XI). Krisen, Widerstände, Kritik, Misserfolge haben ihren festen Platz auch in positiven Führungsansätzen, denn eine ausschließliche Betonung des Guten – bei Ignorieren des Negativen – ist sicher auch nicht zielführend, wenn nicht gar gefährlich. Cameron merkt diesbezüglich locker an, dass jeder wisse, dass ewiger Sonnenschein Wüsten schaffe… (ebd., S. 8). Ein Misserfolg ist so die Chance, es beim nächsten Mal besser zu machen. Herausforderungen und Hindernisse werden somit nicht als Tragödien oder Probleme interpretiert, sondern als Gelegenheiten und Chancen reinterpretiert, die Erfahrungen ermöglichen und somit Stärken bilden. „It is the positive perspective – not the nature of the phenomena – that draws an issue into the POS domain" (Cameron 2014, S. 447).

2. **Fokussieren auf positiv deviante Leistung:** Dieses meint, dass Outcomes erforscht oder in der positiven Führung intendiert werden, die übliche oder erwartete Leistungen deutlich übertreffen, die spektakuläre Resultate, überraschende Outcomes und außergewöhnliche Erfolge erzielen. Die positive Führung zielt darauf ab, Individuen und Organisationen darin zu unterstützen, diese exzellenten Leistungen zu erbringen (ebd.).

3. **Aufsteigende Entwicklungen erwarten:** Die POS geht von einem positiven Bias – einem positiven Hang aus. Damit steht sie unter der Prämisse, dass Positivität Ressourcen in Individuen, Gruppen und Organisationen aufschließt und steigert, sodass die Fähigkeiten verbreitert und die Ressourcen aufgebaut und gestärkt werden. Ressourcen und Fähigkeiten expandieren insbesondere durch die Fokussierung auf Stärken und Fähigkeiten (vgl. Cameron 2012, S. 3).
4. **Tugendhaftigkeit in den Blick nehmen:** Tugendhaftigkeit oder die besten menschlichen Bedingungen zu untersuchen oder in der Praxis zu fördern, impliziert eine eudaimonistische Voraussetzung. Eudaimonismus (altgriechisch Glückseligkeit) meint hier eine philosophische Haltung, die das gelingende oder das schöne Leben als Ziel allen Strebens betrachtet und sich vom Hedonismus durch grundlegende Werte und Ziele abgrenzt. POS meint hier explizit das Postulat, dass tendenziell eine Neigung in allen menschlichen Systemen besteht, die bestmöglichen Bedingungen für die Menschen zu erreichen. POS untersucht daher die Entwicklungen sowie die Effekte, die mit Tugendhaftigkeit und Eudaimonismus assoziiert sind (Cameron 2014).

Von diesen Vorannahmen ausgehend, aggregierte Cameron in einer Metaanalyse der Forschungsberichte die Ergebnisse positiver Praktiken in Organisationen (Tab. 2.2). Auch wenn er einschränkend darauf hinweist, dass nicht jedes Setting zu gleichen Outputs führt und verstärkt experimentelle Studien durchgeführt werden müssten, konnten folgende Effekte durch spezifische positive Praktiken für Organisationen belegt werden.

Zum letztgenannten Aspekt eine kurze Erläuterung: Psychologisches Kapital (PsyCap) meint das Kapital einer Organisation, welches sich auf das organisationale Potenzial an Resilienz, Optimismus, Selbstwirksamkeit und Hoffnung bezieht (Luthans 2006). Signifikante Gewinne hinsichtlich der Performanz konnten beobachtet werden, wenn Individuen oder Teams in ihre eigenen Stärken investierten (Asplund et al. 2009), und zwar hinsichtlich verringerter Zeiten von Umsatzrückgängen, höherer Produktivität, und größerer Profitabilität (Asplund und Blacksmith 2012). Das ist insbesondere hinsichtlich der Ergebnisse der oben zitierten Gallup-Studie interessant: Wer im Job das tun kann, was ihm am besten entspricht, hat eine höhere Bindung, höhere Produktivität, ein höheres Engagement.

Insgesamt zeigt die Forschungslage, dass die Positive Organisationsentwicklung das Empfinden, Verhalten und die Produktivität der Organisation in vielerlei Hinsicht positiv beeinflusst. Die Steuerung des Ansatzes liegt primär bei der Führungskraft. Das entsprechende Konzept ist der Positive-Leadership-Ansatz.

Tab. 2.2 Effekte spezifischer positiver Praktiken in Organisationen. (In Anlehnung an Cameron 2012, 2014)

	Perzeptual (Empfindung/Moral)	Verhalten der Mitarbeiter	Finanziell/materiell
Effekte	Persönliches Wachstum	Positive Arbeitsgewohnheiten	Insgesamt: signifikant bessere Performanz-hinsichtlich objektiver Kriterien (Finanzen) und Perceptual Measures (z. B. Moral)
	Persönliche Stärken aktivieren	Höhere Hartnäckigkeit	
	Schnellere Erholung nach Leid	Höhere Anstrengungsbereitschaft	
	Bessere physische Gesundheit und psychologisches functioning	Job Crafting: aktive Gestaltung/Weiterentwicklung des eigenen Arbeitsplatzes	
	Höheres Wohlbefinden	Signifikant höherer positiver Impact von Individuen	*Einsparungen durch:*
			Geringere Dauer von Umsatzrückgängen
	Höhere individuelle und familiäre Zufriedenheit	Stärkere Mitgestaltung	Höhere Profitabilität
	Höhere Lernbereitschaft	Stärkere philanthropische Gesinnung	Organisationale Performanz
	Höhere Arbeitszufriedenheit	Höhere/s Engagement/Bindung	Resistenz in Krisensituationen
	Kollektives Mitgefühl	Energieübertragung der Leader auf Mitarbeiter	Schnellere organisationale Heilung
	Stärkeres professionsbezogenes Sinnerleben	Besserer Informationsaustausch	Weniger Kündigungen
	Verlebendigung – mehr Energie	Erfolgreichere Team-Performanz	Geringere Personalfluktuation durch hohe Mitarbeiterbindung
		Qualitativ hochwertige Beziehungen	
		Höhere Lernbeträge	*Ertragssteigerung durch höhere/s:*
		Bessere Kooperationen und Kommunikation	Produktivität
		Stärkere Verantwortungsübernahme: organisationales Commitment	Kundenzufriedenheit und
		Soz. Performanz und korporative Verantwortung	Kundenbindung
			Innovationspotenzial
			Arbeitsqualität
			Psychologisches Kapital

2.3 Positive Leadership

„Positive Leadership" umschreibt ein Führungsverhalten, welches dazu beiträgt, dass die Individuen in Organisationen sowie die Organisationen selbst wachsen. Dieses Verhalten fördert positive Devianz – ein positiv-abweichendes Verhalten. Letztendlich wirkt es damit heliotropisch – gemeint ist „die Tendenz aller lebenden Systeme hin zu positiver Energie und weg von negativer Energie. Von einfachen Zellorganismen bis hin zu komplexen menschlichen Systemen – alle lebenden Systeme haben die Tendenz hin zum Positiven und weg vom Negativen" (Cameron 2012, S. XII). Positive Führungskräfte suchen demnach positive Abweichungen, fokussieren sich auf diese und stärken sie. Beschrieben wird dies in einem Kontinuum von Devianz (Tab. 2.3) und drei möglichen Entwicklungsstadien: von der negativen Devianz über den Normalzustand hin zur positiven Devianz.

Vom normalen Status quo in der Mitte weicht links die krankhaft-negative und rechts die exzellent-positive Devianz ab. Sind die Rahmenbedingungen nicht optimal für positiv-deviantes Verhalten von Mensch und Organisation, so kann die positive Devianz ggf. in einigen Bereichen nicht erreicht werden, wobei Cameron ausdrücklich darauf hinweist, dass Organisationen, die unter gegebenen Umständen scheitern sollten und es dennoch nicht tun, die erstarren müssten und dennoch flexibel bleiben, die fehleranfällig sein müssten und dennoch verlässlich sind, letztendlich ein außergewöhnlich positiv deviantes Verhalten zeigen. Das Konti-

Tab. 2.3 Devianzkontinuum. (In Anlehnung an Cameron 2012, S. 9)

	Negative Devianz (problematisch, krankmachend, fehlerfixiert)	Normal (gesund)	Positive Devianz (virtuos, exzellent, außerordentlich positiv, außergewöhnliche organisationale Performanz)
Individuum:			
Physiologisch	Krank	Gesund	Vital
Psychologisch	Krank	Gesund	Flow-Erleben
Organisation:			
Ökonomie	Unprofitabel	Profitabel	Großzügig
Effektivität	Ineffektiv	Effektiv	Exzellent
Effizienz	Ineffizient	Effizient	Außergewöhnlich
Qualität	Fehleranfällig	Verlässlich	Perfekt
Ethik	Unethisch	Ethisch	Wohlwollend
Beziehungen	Schädlich	Unterstützend	Anerkennend
Anpassungsleistungen	Starr	Tragfähige Bewältigungsstrategien/ flexibel	Aufblühend

nuum muss demnach auf der Grundlage der Ausgangsbedingungen flexibel interpretiert werden.

Die meisten Organisationen zielen mit ihren reglementierenden Standards und Systemen der Rechenschaftslegung (Kontroll- und Evaluationssysteme, Bildungsstandards, Systemakkreditierung, Qualitätsmanagement) auf die gesunde Mitte ab. Auf den Durchschnitt. Die Gauß'sche Normalverteilung der Organisationsentwicklung sozusagen. Und ist dieses Mittelmaß erreicht und von den Schulinspektoren, Akkreditierungskommissionen und Schulleistungstestauswertern festgestellt, geben sie sich zufrieden und zementieren so den Durchschnitt.

Von wenigen Versuchen abgesehen freilich: wie z. B. der problematischen „Exzellenzinitiative", welche die Universitätslandschaft aufpeppen sollte und mit den rund 4,6 Mrd. € seit 2007 (bis 2017) nur diejenigen Universitäten unterstützt, die sich in den Bewerbungsverfahren durchsetzen konnten – die also schon vorher stark dastanden und eh schon erfolgreich sind (vgl. Deutsche Forschungsgemeinschaft 2015). Alle anderen gingen leer aus. Die Schwächeren gingen leer aus. Und ob die Fixierung auf Fördergelder überhaupt eine positive Organisation schafft, mag freilich bezweifelt werden. Eine positive Organisation ist viel mehr als eine wohlhabende Organisation.

Besser also, wir schaffen unsere eigene Exzellenz in unseren Bildungsorganisationen, unsere Einzigartigkeit. Und zwar durch die Stärkung der positiven De-

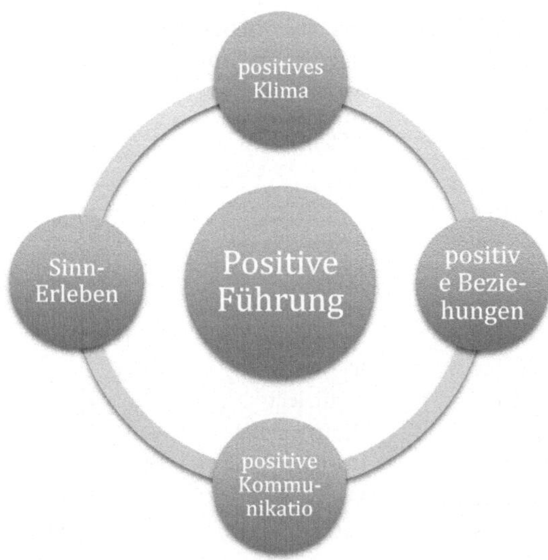

Abb. 2.3 positive Beziehungen

vianz, des positiv-abweichenden Verhaltens und Leistens von Individuen, Arbeitsgruppen, Klassen, Abteilungen, Fächern, Lehrstühlen usw.

Um das anzubahnen, beschreibt Positive Leadership vier auf den ersten Blick simpel klingende Führungsstrategien, die es aber in sich haben (Abb. 2.3): Führung schafft ein positives Klima, unterstützt positive Beziehungen, fördert positive Kommunikation und unterstützt das Sinn-Erleben.

Entsprechen die eingesetzten Führungsinstrumente diesen Strategien, so wird positive Devianz ermöglicht.

Positives Klima: Eine Kultur der Fülle 3

In der Arbeits- und Organisationspsychologie meint der Terminus „Organisations-klima" (oft auch „Betriebsklima") die relativ dauerhafte Grundstimmung in einer Organisation, das die Organisationskultur prägende Grundgefühl sozusagen, in welchem sich die expliziten und impliziten Regeln, Traditionen und Gesetze der Organisation manifestieren. Meist unausgesprochen. Meist nicht schriftlich fixiert, sondern nur in den Mitarbeitern verankert und von diesen gefühlt, gedacht und im Handeln gelebt.

Der amerikanische Organisationspsychologe Edgar H. Schein geht in seinem Schichtenmodell der Unternehmenskultur davon aus, dass

- die tiefste Schicht der Unternehmenskultur, die *vorherrschenden Grundannahmen* sind: das Weltbild der Organisationsmitglieder, die Einstellungen zum Wesen, zur Natur des Menschen, zum menschlichen Handeln, zu zwischenmenschlichen Beziehungen, Alter, Herkunft, Emotionen, Teamgeist, Umwelt usw.
- Darauf aufbauend finden sich *Normen, Werte und Standards*, Führungsgrundsätze, Regeln, Tabus, Firmengeschichte, Erfolgsgeschichte usw.
- Die dritte Ebene schließlich macht diesen Unterbau in *Artefakten* sichtbar: Symbole, Logos, Gestaltung von Gebäuden, Räumen, Dokumenten und Produkten, Kleidungsstil, Slogans, Werbung, Feiern, Sprache, Mythen, Geschichten, Jubiläen, Rituale, Umgangsformen (Schein 2009).

Die vorherrschenden Grundannahmen prägen also die gesamte Organisationskultur. Und diese beziehen sich in der positiven Führung insbesondere auf wachstumsfördernde Grundannahmen über das Menschsein – ein humanistisches Menschenbild, die damit verbundenen Tugenden und Emotionen sowie die damit einhergehenden Artefakte (Abb. 3.1).

© Springer Fachmedien Wiesbaden 2016 15
M. Brohm, *Positive Psychologie in Bildungseinrichtungen,* essentials,
DOI 10.1007/978-3-658-13049-7_3

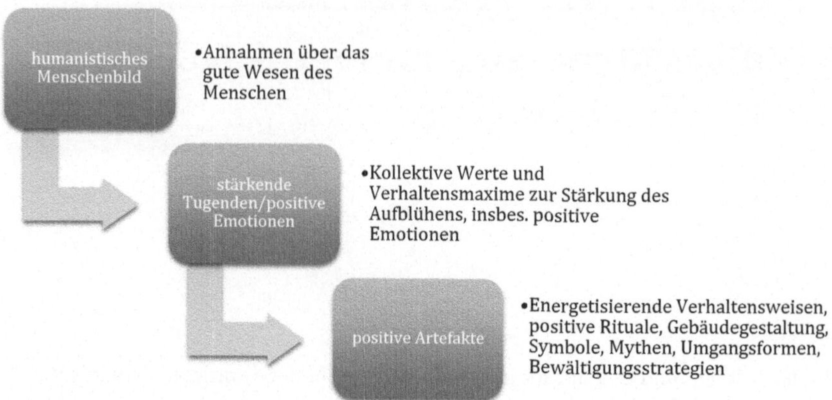

Abb. 3.1 Positive Organisationskultur

Das vorherrschende Menschenbild prägt die in der Organisation gelebten kollektiven Werte, wie etwa gegenseitige Unterstützung, Gerechtigkeit, Mitfühlen, Freundlichkeit, Mut, Wohlwollen, welche sich im täglichen Arbeiten als Normen zeigen, als Konventionen des täglichen Umgangs im sozialen Miteinander sowie in deren Artefakten: den Verhaltensweisen, Gebäuden, dem Kleidungsstil der Mitarbeiter/innen, den Logos, Bildern, Ritualen u. a. So verpflichtet sich beispielsweise die Stadtteilschule Eidelstedt in ihrem Leitbild: „Wir gehen höflich und freundlich miteinander um. Grundsätze und Regeln unseres schulischen Lebens und Lernens sind allen Beteiligten bewusst und werden beherzigt. Die Herkunft aus verschiedenen Kulturen ist eine Bereicherung und fordert uns auf, voneinander zu lernen. Wir tragen gemeinsam die Verantwortung dafür, dass sich jeder an unserer Schule gut aufgehoben fühlt und Lernen gelingen kann" (Stadtteilschule Eidelstedt, o. J.). Denn, so die Landesakademie für Fortbildung und Personalentwicklung an Schulen Baden-Württemberg, ein „freundlicher Kontakt zwischen Lehrpersonen und Schülerinnen und Schülern zählt zu den Grundlagen des Lernens. Die menschliche Beziehung festigt in Schülerinnen und Schülern den Lernwillen und verhilft zu Zufriedenheit. Lernende strengen sich mehr an, wenn sie mit einem persönlichen Wort angesprochen werden und sie die Lehrer anerkennen" (Landesakademie 2011, S. 3). Ähnliches kann wohl für das universitäre Lernen und Lehren angenommen werden.

Und dieses emotionale Grundrauschen in Artefakten schlägt einem oft schnell entgegen, wenn man die Schule oder Hochschule betritt. Schon allein durch die Gebäude-Artefakte, in denen sich der Umgang miteinander spiegelt.

Aufgabe der Führungskräfte ist es nun, diejenigen Tugenden zu leben und damit Werte zu festigen, die günstig für das Wohlergehen von Mensch und Organisation sind. Spannend ist, dass die Mitarbeiter/innen der Führungskraft in ihrem Veränderungswillen folgen, wenn die Führungskraft eine konstante und schlüssige Wertebasis zeigt und als Tugenden lebt – und das auch dann, wenn diese Werte dem Mitarbeiter nicht entsprechen (Bennis et al. 1969).

3.1 Humanistisches Menschenbild

Was denken wir, wie Menschen wirklich sind? Wie unsere Mitarbeiter/innen, unsere Schüler/innen und Studierenden wirklich sind?

Pessimistische Menschenbilder, die davon ausgehen, dass Menschen defizitär, also z. B. egozentrisch, von Natur aus faul, auf ihren Vorteil bedacht sind und nur unter Druck leisten, erzwingen ein Führungsverhalten, welches diesen vermeintlichen menschlichen Defiziten resolut entgegentritt.

Wollen wir das Aufblühen von Mensch und Organisation ermöglichen, so steht das humanistische Menschenbild, welches die europäische Kultur seit der Antike in wichtigen Anteilen prägt, im Vordergrund. Menschen werden hier *„als aktive Geschöpfe angesehen, die von Grund auf gut sind und über die Freiheit der Wahl verfügen"* (Zimbardo und Gerrig 2008, S. 12). Carl Rogers legte die *„natürliche Tendenz des Individuums zu geistiger Weiterentwicklung und Gesundheit"* zugrunde (ebd., S. 12) und auch Abraham Maslow nahm ein Wachstumsbedürfnis an: Es gebe, so Maslow, eine kleine Gruppe von psychisch gesunden Menschen, die nicht permanent angstmotiviert ihre Mangelbedürfnisse abarbeiten, sondern an der höchsten Stufe der Maslow-Pyramide feilen oder diese bereits erklommen haben: Sie leben die „volle Anwendung und Nutzung der Talente, Kapazitäten und Fähigkeiten" (Maslow 2014, S. 180). Sie sind auf dem Weg weit fortgeschritten, das Bestmögliche zu werden oder zu sein, dessen sie fähig sind. Sie erfüllen sich selbst – die „Besonderen" eben.

Wenn wir demnach davon ausgehen, dass Menschen im Kern gut sind, dem Positiven zustreben und auf ein gelingendes Leben abzielen, schaffen wir hohe Leistungserwartungen an das Menschsein und die Entwicklungsfähigkeit und -bereitschaft unserer Mitarbeiter/innen, Studierenden und Schüler/innen. *Wir erwarten Entwicklung, weil sie dem natürlichen Mensch-Sein entspricht und nicht, um... zu.* Um Effekte zu generieren, um höhere Drittmittel zu akquirieren, um bessere Leistungsergebnisse zu erhalten. Wir erwarten Entwicklung aus dem einfachen Grund, weil Menschen gut sind und sich entwickeln wollen. Humanistische Führungskräfte zeigen daher spezifisches, wachstumsförderndes Führungshaltungen, sie

- vertrauen in die Leistungsfähigkeit und Leistungsbereitschaft der Mitarbeiter/
  innen,
- fördern ein positives Organisationsklima, gekennzeichnet durch
  - Dynamik, Fluss,
  - selbstorganisierte Abläufe, hohe Partizipation,
  - Erarbeitungs- statt Anweisungskultur,
  - Unkalkulierbarkeit und Freiheit,
  - Freundlichkeit und Menschlichkeit,
  - hohe Selbstverantwortung der Mitarbeiter/innen,
  - offene Prozesse,
  - offene Kommunikation,
  - Risikofreude und Chancenwahrnehmung.

Das können sie allerdings nur, wenn wir wertebasierte Rahmenbedingungen schaffen: Positive Organisationen brauchen tugendhafte, integre Führungskräfte.

3.2 Tugenden

Wie konservativ mutet uns der Begriff „Tugend" an. Und gleichwohl: In unserem Zusammenhang geht es genau darum – ein urmenschliches Verhalten zu konservieren und anhand eigener und organisationaler Normen als Verhaltensstandards festzuschreiben und gegen alle Widerstände und Anfeindungen standhaft zu verteidigen. Tugend ist von „taugen" abgeleitet. Der Träger einer Tugend taugt zu irgendetwas Gutem. Es geht um hervorragende Eigenschaften einer Person und zielt auf eine integre Persönlichkeit, die klar zu humanistischen Werten und deren Verwirklichung steht. Demnach ist „Tugend", so der Philosoph Thomas Zwenger, „die Einheit von Wissen um das sittlich Gute und der Bereitschaft und Tatkraft, dieses zu verwirklichen. Insofern ist Tugend die Lebensform der Sittlichkeit" (Zwenger 2003, S. 653).

Peterson und Seligman (2004) untersuchten nun anhand der zentralen religiösen, philosophischen, erziehungsbezogenen und politischen Texte aus dem chinesischen, süd-asiatischen und westlichen Kulturraum – also den philosophisch am stärksten beeinflussenden Kulturkreisen („Great Three"), ob es universelle Tugenden mit allgemeingültigem Charakter gebe, und fanden tatsächlich sechs Kerntugenden: *Weisheit, Mut, Menschlichkeit, Gerechtigkeit, Mäßigung* und *Transzendenz* (Peterson und Seligman 2004).

In der positiven Führung werden insbesondere die Führungstugenden Mut, Menschlichkeit und Gerechtigkeit hervorgehoben. Sie werden durch folgende Charakterstärken definiert:

- „*Mut*: emotionale Stärken, die mittels der Ausübung von Willensleistung internale und externale Barrieren zur Erreichung eines Zieles überwinden.
  - Authentizität: die Wahrheit sagen und sich natürlich geben
  - Tapferkeit: sich nicht Bedrohung oder Schmerz beugen, Herausforderungen annehmen
  - Ausdauer: beendigen, was begonnen wurde
  - Enthusiasmus: der Welt mit Begeisterung und Energie begegnen
- *Menschlichkeit*: interpersonale Stärken, die liebevolle menschliche Interaktionen ermöglichen
  - Freundlichkeit: Gefallen tun und gute Taten vollbringen
  - Bindungsfähigkeit: menschliche Nähe herstellen können
  - Soziale Intelligenz: sich der Motive und Gefühle von sich selbst und anderen bewusst sein
- *Gerechtigkeit*: Stärken, die das Gemeinwesen fördern
  - Fairness: alle Menschen nach dem Prinzip der Gleichheit und Gerechtigkeit behandeln
  - Führungsvermögen: Gruppenaktivitäten organisieren und ermöglichen
  - Teamwork: gut als Mitglied eines Teams arbeiten" (Universität Zürich 2015, S. 6 f.).

Darüber hinaus spielen die *Vergebungsbereitschaft* (aus der Tugend Mäßigung) sowie *Dankbarkeit* und *Hoffnung* (aus der Tugend Transzendenz) herausragende Rollen.

Alles in allem geht es also um eine integre Führungskraft, der Menschen vertrauen können und die Menschen und Organisationen dadurch energetisiert. Nur dann folgen Mitarbeiter/innen, denn die „Grundlage jeglicher Kooperation und Delegation (…) ist Vertrauen" (Doppler und Lauterburg 2002, S 119).

Zerstörtes Vertrauen ist schwierig zurückzugewinnen, es wächst eine „Glaubwürdigkeitslücke" (Doppler). Die Führung sollte sich daher ständig fragen, „inwieweit das jeweilige Tun Vertrauen und Glaubwürdigkeit aufbaut – oder aber gefährdet" (Doppler 2002, S. 93). Gezielte Dramatisierung, Überrumpeln und Unwahrheiten zerstören, wo Vertrauen sein sollte.

Hingegen wird das Vertrauen durch die feste Verteidigung der o. g. „humanistischen Führungsgrundsätze" gestärkt. Nehmen wir hier beispielsweise die Bindungsfähigkeit.

3.3   Die Bindungsfähigkeit – Wunderdroge der Führung

Menschliche Nähe wird in den meisten Bereichen des Lebens durch drei Aktivitäten geschaffen:

- Wahrnehmung,
- Ausdruck eigener Gefühle und
- kollektive Einbindung dieser Gefühle.

Wahrnehmung ist zentral. Menschen sehnen sich nach Wahrnehmung. Nach Einfühlung, Mitgefühl und Zuneigung. Mit offenem Blick durch die Räume gehen, die Mitarbeiter/innen, Schüler, Studierenden in ihrem „So-Sein" sehen. Wahrnehmung ist die Wunderdroge des Menschen. Menschen wollen gesehen werden. So hält beispielsweise der Journalist Alex Rühle am 19. Februar 2013 in der Süddeutschen Zeitung seine „Lobrede auf den Lehrer". Sein Lateinlehrer, Herr Bauer, habe damals trocken Ablativ, Partizipialkonstruktion, Semideponentia … vermittelt. Klar, streng, konzentriert.

„Das war aber nicht das Besondere. Hinter seiner Strenge leuchtete etwas. Ich weiß noch, wie er einmal vorne am Pult saß, ruhig über den Rand des Roma-IV-Buchs schaute und sagte: ‚Ich seh dich.' Ich war gerade dabei, einen Zettel für meinen Freund Leo zu schreiben, weil wir ja am Nachmittag an die Marienklause zum Baden wollten, als Herr Bauer plötzlich diesen einen Satz sagte: ‚Ich seh dich.' (…) Jedenfalls traf mich das. Der sieht mich. Und die lateinischen Sätze, die fingen in den Wochen darauf nach und nach von innen zu leuchten an. Wer hätte gedacht, dass ich mal grammatikalische Konstruktionen als schön empfinden würde?" (Rühle 2013, o. S.).

„Motivationsdroge Mensch" betitelt Rühle seinen Beitrag. Und findet damit Anschluss an ein Phänomen, das der Neurowissenschaftler Joachim Bauer so beschreibt: „Was die Motivationssysteme des menschlichen Gehirns aktiviert, sind Beachtung, Interesse, Zuwendung und die Sympathie anderer Menschen. Dies bedeutet: Es gibt keine Motivation ohne zwischenmenschliche Beziehung" (Bauer 2009, o. S.). Es geht dabei um die Herstellung eines Botenstoff-Cocktails, der uns Vitalität und Motivation fühlen lässt. Vitalität – also Lebensenergie – Wohlbefinden. Wahrnehmung, also Beachtung, Interesse, Zuwendung, Sympathie verlebendigen uns, entzünden uns.

Nehmen wir jemanden intensiv wahr, springt er oder sie an. Emotional und motivational. Nicht von ungefähr schauen Verliebte sich so lange in die Augen: Die Botenstoffe im Hirn werden aktiviert.

Wahrnehmung äußert sich auch darin, dass wir die Mitarbeiter/innen, Studierenden, Schüler/innen, die Lehrpersonen möglichst oft wertschätzen: durch kurze Kommentare, nonverbale Wertschätzung – zum Beispiel Blickkontakt, bestätigendes Nicken, interessierte, erstaunte oder verwunderte Blicke. Beide Formen der Anerkennung wirken als Entwicklungsverstärker.

Und je spezifischer (was genau ist gut?) und je aktivitätsbezogener (welche Handlung oder welches Verhalten ist gut?) das Lob ist, desto mehr verstärkt es diese Handlung oder dieses Verhalten. Ideal wäre zudem, das Lob durch eine eigene körperliche und geistige „Lobhaltung" zu untermauern (positive Mimik, offene Körperhaltung), den Namen der/des Gelobten zu nennen und möglichst angemessen zu loben – Lob für Selbstverständlichkeiten demotiviert! Besonders motivierend wirkt das Lob, wenn es auf Handlungen und Verhalten jenseits des Selbstverständlichen zielt. Dieses Selbstverständliche, die Komfortzone, hängt natürlich vom Leistungsvermögen des jeweiligen Mitarbeiters, Studierenden, Schülers ab.

Und schließlich noch einige Worte zur „Vergebung". Locker und freundlich zu bleiben angesichts von gebautem Mist, sich der menschlichen Schwächen bewusst zu sein und auch mal großmütig über kleine Verfehlungen hinwegzusehen – das ist es, was anspornt, besser zu sein. Klar, zeigt jemand dauerhaft keine hinreichende Arbeitsleistung, raubt das viel Energie und es sollte keine „Vergebungskultur" etabliert werden, die zur Deppen-Toleranz mutiert. So könnten über Gespräche, Unterstützungsmaßnahmen wie Training und Coaching und Umsetzung bis hin zur Trennung von dem Mitarbeiter auch positiv führend alle Möglichkeiten genutzt werden.

3.4 Positive Emotionen

Das positive Klima wird zudem über die Stärkung positiver Emotionen geschaffen. Und positive wie auch negative Emotionen sind in Bildungskontexten allgegenwärtig, wie der Pädagogische Psychologe Klaus Ulich beschreibt: „Nicht nur die emotionale Gratwanderung vieler Lehrer/innen, sondern auch andere Erfahrungsmomente machen darauf aufmerksam, dass die Beziehungen der Lehrer/innen zu ihren Schüler/innen – um es ganz vorsichtig zu formulieren – nicht frei sind von Emotionen. Zuneigungen und Abneigungen in diversen Abstufungen, Freude, Ärger oder auch Gleichgültigkeit gehören zu den unvermeidlichen Komponenten des schulischen Beziehungsalltags. Lehrer/innen können eben nicht dastehen wie Computer, und das ist auch gut so" (Ulich 2001, S. 11). Die Lehrpersonen, so Ulich weiter, sollten aber bedenken, welche Folgen negative Emotionen für die Schüler/innen haben könnten – und damit trifft er den Punkt.

Zentral prägend sind nämlich die Emotionen: „I've learned that people will forget, what you said, people will forget what you did, but people will never forget, how you made them feel", wird die amerikanische Bürgerrechtlerin Maya Angelou in sozialen Netzwerken zitiert.

Negative Emotionen – Angst, Traurigkeit, Wut, Ärger, Depression, Furcht, Übelkeit – machen aus evolutionärer Perspektive Sinn, denn sie sichern unser Überleben: Furcht motiviert Flucht, Ärger bereitet auf Angriff vor, Traurigkeit auf Rückzug, Übelkeit auf Erbrechen usw. All das muss schnell geschehen, unser Bewusstsein wird enger, die Reaktion erfolgt postwendend.

Aber positive Emotionen? Wozu sollten sie nützlich sein? Wenn wir „gut drauf sind", können wir alles tun, was Freude bereitet: lesen, tanzen, singen, chillen, Zeit verplempern, laufen, musizieren, was auch immer. Es gab, so dachte die Forschung jahrzehntelang, keinen evolutionären Sinn für positive Gefühle, da die Reaktion darauf unspezifisch ist. Eine nette Zugabe der Natur sozusagen.

In den letzten Jahren änderte sich das Bild nun nach und nach: Immer mehr Forscher/innen befassen sich weltweit mit der Entstehung und dem evolutionären Sinn positiver Gefühle, und die amerikanische Emotionspsychologin Barbara Fredrickson lieferte hier eine zentrale Theorie, die inzwischen dutzendfach wissenschaftlich bestätigt wurde: die Broaden- and Build-Theorie – also „Breiter- und Bautheorie". Positive Emotionen verbreitern das momentane Denk-Handlungs-Repertoire (broaden) und führen zu Handlungen, die bleibende personale Ressourcen (build) aufbauen (vgl. Cohn und Fredrickson 2011).

Und so baut die offene Breite der Handlungstendenzen – das offene Bewusstsein bei positiven Gefühlen (open mindedness) – personale Ressourcen in vier Bereichen auf (Abb. 3.2):

Abb. 3.2 Ressourcenaufbau durch positive Emotionen

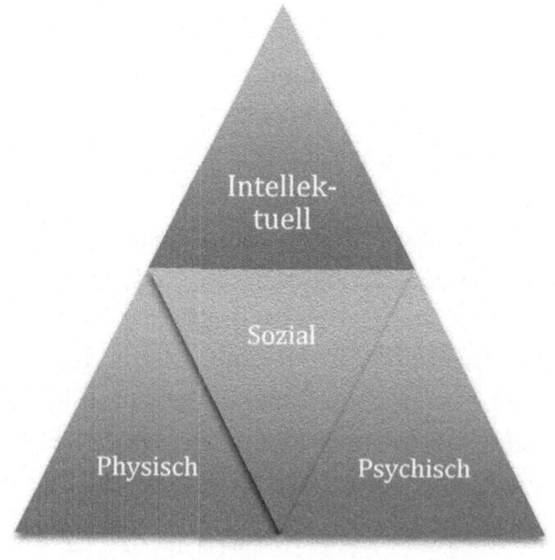

- Auf intellektueller Ebene entwickeln sich Problemlösekompetenzen und das schnellere Lernen neuer Informationen,
- physisch entfaltet sich körperliche Koordination, Stärke und cardiovaskuläre Gesundheit,
- sozial unterstützt sie die Qualität von Beziehungen, das Beginnen neuer Freundschaften und anderer Beziehungen und
- psychisch entwickeln sich Resilienz und Optimismus, Sinn für das Selbst und Zielorientierung (vgl. Bridget Grenville-Cleave 2012, S. 28 sowie Fredrickson 2003, S. 333).

Somit führen positive Gefühle zu mehr Erfahrungen, weil wir „offen" sind, und darüber hinaus zu qualitativ wertvollen Erfahrungen, die wir in folgenden Situationen immer wieder einsetzen können. Damit bahnen positive Emotionen den Weg in aufschießende Erfolgsspiralen. Wer gut drauf ist, ist tendenziell erfolgreicher. Und der Erfolg einer Organisation ist letztendlich das Ergebnis der Verknüpfung individueller Arbeitsleistungen.

Ganz zu schweigen von den vielfach belegten cardiovasculären Effekten. Positive Gefühle wirken positiv auf Blutdruck und Herz, denn sie reduzieren Angstzustände, Stresserleben und andere negative Emotionen, indem sie negative Emotionen überblenden – der „undo effect" (Fredrickson 2003, S. 330 ff.): Folgt z. B. auf Stress, Traurigkeit, Angst, Wut ein beruhigendes, belustigendes, unterstützendes, liebevolles oder sonst wie positives Gefühl, wird das vorgängige negative häufig einfach gelöscht. Auf den Punkt – schlicht, aber wahr: Stay open-minded!

Hoffnung, Enthusiasmus/Tatendrang, Bindungsfähigkeit/Fähigkeit zu lieben, Neugier und Dankbarkeit sind hier zentral, wie eine Untersuchung von Ruch et al. (2010) für den deutschsprachigen Raum zeigte. Hoffnung ist mit Abstand die wichtigste Emotion: Hoffnung geht einher mit den Erwartungen an die eigene Wirksamkeit. Sie spornt zur Leistung an. Sie schafft Flow-Erleben. Sie vitalisiert. Hoffnung energetisiert.

Wie wichtig es gerade in Bildungsorganisationen ist, die Hoffnung zu kultivieren, zeigen neurowissenschaftliche Untersuchungen. „In einer Studie zur Funktion des Gehirns beispielsweise wurde per Magnet-Resonanz-Abbildung die Funktionsweise des Gehirns untersucht, während sich die Probanden eine positive, optimistische Zukunft oder eben eine neutrale oder negative Zukunft vorstellten. Unter der positiven Vorstellung waren mehr Bereiche des Gehirns aktiviert (z. B. stärkere Aktivierung der Amygdala und des rostralen anterioren cingulären Kortex), und die aktivierten Bereiche waren mit einer größeren Ausdehnung aktiviert (Sharot et al 2007). Die Gehirne der Menschen funktionieren besser unter positiven Bedingungen als unter negativen oder neutralen Bedingungen" (Cameron 2011, S. 27).

Spannend daran ist auch, dass unser Gehirn tendenziell die positive Zukunft eher erwartet als die negative: „Die Menschen erwarten positive zukünftige Ereignisse auch dann, wenn es keine Evidenz gibt, die solche Erwartungen unterstützt. Beispielsweise erwarten die Menschen, länger zu leben und gesünder zu bleiben als der Durchschnitt, sie unterschätzen ihre Wahrscheinlichkeit, geschieden zu werden, und überschätzen ihren Erfolg auf dem Arbeitsmarkt. Wir untersuchten, wie das Gehirn diese optimistischen Verzerrungen (bias) herstellt. (…) Über alle Individuen hinweg war die Aktivierung in dem rostralen anterioren cingulären Kortex korreliert mit dem trait Optimismus" (Sharot et al. 2007). Das heißt also, dass das Gehirn nach dem Optimismus sucht, auch wenn es kaum Grund dazu gibt.

Positive Beziehungen 4

Der Mensch ist des Menschen Sonne, Akku, Vitalkraft. Der Mensch ist für den Menschen eine der stärksten Motivationsdrogen und die Sehnsucht nach der unterstützenden Nähe anderer Menschen ist so stark, dass die US-amerikanischen Psychologen Edward Deci und Richard Ryan in zahlreichen empirischen Studien nachweisen konnten, dass die sozialen Bedingungen, in denen ein Mensch lebt, die Grundlage aller motivationalen Prozesse sind: Sind die sozialen Bedingungen fruchtbar, unterstützend, so Deci und Ryan (1993), wirkt eine Umgebung, in welcher sich ein Mensch als kompetent, autonom und sozial eingebunden erlebt, motivierend. Das heißt: Unsere sozialen Bedingungen sollten möglichst fruchtbar und unterstützend sein!

Aus der Bezugsgruppenforschung wissen wir, dass die Verbindung mit hoch energetischen Menschen der schnellste Weg zum Erfolg ist, denn wir werden so wie die Menschen, mit denen wir uns umgeben. Die Menschen und Gruppen, mit denen wir zu tun haben, prägen mit der Zeit die Person, die wir sind: Wir nehmen die Arbeitsgewohnheiten, die Ess- und Trinkgewohnheiten, die Freizeitgewohnheiten, also tendenziell die Arbeits- und Lebensgewohnheiten derjenigen Menschen an, die uns umgeben. Und natürlich auch deren Leistungsaspirationen, denn wir stecken emotional an und lassen uns emotional anstecken.

Eine aktuelle Studie des Leipziger Max-Planck-Institut für Kognitions- und Neurowissenschaften der Technischen Universität Dresden zeigte dies jüngst am Beispiel des Stresses: Die Forscher Tania Singer und Clemens Kirschbaum ließen Probanden Bewerbungsgespräche absolvieren oder schwierige Kopfrechenaufgaben lösen und Beobachter verfolgten vom verspiegelten Nachbarraum aus das Geschehen. Die Forscher selbst waren durch die Resultate verblüfft: 30 % der zuvor entspannten Beobachter zeigten eine körperlich messbar erhöhte Konzentration des Stresshormons Kortisol im Blut. Wenn die Beobachter mit dem gestressten Probanden gar in einer Paarbeziehung lebten, lag der Anteil höher, nämlich bei

© Springer Fachmedien Wiesbaden 2016
M. Brohm, *Positive Psychologie in Bildungseinrichtungen*, essentials,
DOI 10.1007/978-3-658-13049-7_4

40 %. „Aber selbst wenn der Stresstest nur auf dem Bildschirm flimmerte, reichte das aus, um bei 24 % der Beobachter die Kortisol-Spiegel in die Höhe zu treiben. ‚Das bedeutet, dass selbst Fernsehsendungen, die mich mit dem Leid anderer konfrontieren, den Stress auf mich übertragen können‘, sagt Engert. ‚Stress hat ein enormes Ansteckungspotential‘" (Max-Planck-Gesellschaft 2014).

Letztendlich haben wohl alle Emotionen dieses Potenzial: ob Ärger, Angst oder Traurigkeit, ob Begeisterung, Liebe, Glück oder Energie. Wir stecken an und wir werden angesteckt. Dass Beziehungen energetisieren oder de-energetisieren können, wiesen Dutton und Ragins 2007 erstmals nach. High-Quality Connections sind qualitativ hochwertige Beziehungen, die verlebendigen und die Energie erhöhen. „Duttons eingehende Forschung zeigt, dass die Ausformung qualitativ hochwertiger Beziehungen hohe Werte zeigt bezüglich des Lernens, der Resilienz, Kooperation, Arbeitszufriedenheit, Eingebundenheit, Verbundenheit und körperlichen Gesundheit von Individuen. Darüber hinaus lässt sie Kooperationen und die Verbundenheit der Arbeitnehmer/innen, Anbieter und Konsumenten wachsen und schafft mehr Wandlungsfähigkeit in Organisationen" (Cameron 2014, S. 453).

Es ist daher wohl nahezu ausgeschlossen, eine positive Führungskraft zu sein, ohne selbst stark positive Energie zu haben. Oder als Ausruf des früheren US-Außenministers Colin Powell: „If a leader doesn't convey passion and intensity then there will be no passion and intensity within the organization and they'll start to fall down and get depressed." Schlicht, dennoch wahr.

Durchströmt uns positive Energie, erfasst uns „ein Gefühl der Lebendigkeit, der Erregung (arousal), Vitalität und Begeisterung. Es ist eine verlebendigende Kraft, die es uns erlaubt, etwas zu vollbringen, zu schaffen und zu widerstehen. Sie eröffnet Ressourcen und Fähigkeiten in uns und erhöht tatsächlich unsere Fähigkeit aufzublühen" (Cameron 2013, S. 49). Die Befunde zeigen, dass „positiv energetisierende Führungskräfte signifikant positive Wirkungen auf Individuen haben – eingeschlossen sind hier deren Leistungen, Engagement, Wohlbefinden, Zufriedenheit und sogar deren Familienleben – aber auch der Einfluss auf die Leistungen in der Organisation, das Teamwork, die Innovationskraft und Lernorientierung" (Cameron 2014, S. 454). Positive Energie gilt daher als die wahrscheinlich wichtigste Eigenschaft von Führungskräften.

Innerhalb von Netzwerken stellten sich diejenigen als die substanziell besten Mitarbeiter/innen heraus, die andere energetisieren – sie haben die zentralen Positionen inne und erweisen sich auch denjenigen gegenüber als überlegen, die als besonders machtvoll oder als zentral für das Netzwerk eingeschätzt wurden. Energie triumphierte so über Macht und Information als Prädiktor bei den Leistungsfortschritten (Baker et al. 2003a, b). Andere Studien zeigen: Diejenigen, die andere energetisieren, sind einflussreicher als die ihnen überstellten Führungskräfte: „Ferner waren die Individuen, die anderen positive Energie spenden, viermal so häufig erfolgreich wie diejenigen, welche im Zentrum der Informationen oder einflussreicher Netzwerke standen. Die Leistungssteigerung, welche mit der positiven Energie einherging, wurde ebenso auf diejenigen übertragen, die mit dem Energetisierer interagierten. Baker et al. (2004) berichteten darüber hinaus, dass hochleistende Organisationen dreimal so viele positive Energetisierer haben wie durchschnittliche Organisationen" (Cameron 2014, S. 454).

Da es sich um psychische Energie handelt, wird sie durch die Funktionen der Psyche – Kognition, Motivation und Emotion – geschaffen. Es geht somit um kognitive, motivationale und emotionale Kraft. Wie also müsste die Psyche ausgerichtet sein, um das Maß der Energie möglichst hoch und stabil zu halten?

4.1 Kognitive Energie

Hinsichtlich der kognitiven Energie fand der Flow-Papst Mihály Csikszentmihalyi eine wundervolle Antwort. Er definiert Aufmerksamkeit als *die* psychische Energie: „Da die Aufmerksamkeit bestimmt, was im Bewusstsein geschieht oder nicht geschieht, und weil man sie zudem braucht, um andere geistige Ereignisse stattfinden zu lassen, wie erinnern, denken, fühlen und Entscheidungen treffen, hilft es, sie uns als *psychische Energie* vorzustellen" (Csikszentmihalyi 1996, 50 f.).

Demnach geht es hier um die Spotlight-Metapher: Der Aufmerksamkeitsfokus selektiert einige wenige Informationen und beeinflusst so evtl. das Verhalten. Ist das Umfeld eher stimulationsarm (also stinklangweilig), fällt die Fokussierung auf etwas leichter und springt uns die willentliche Kontrolle der Aufmerksamkeit fast an.

Csikszentmihalyi nimmt an, dass die Aufmerksamkeit die wichtigste aller psychischen Energien ist: „Aufmerksamkeit ist in dem Sinne eine Energie, dass ohne sie keine Arbeit verrichtet werden kann, und sie wird durch Arbeit zerstreut. Wir erschaffen unser Selbst, indem wir diese Energie anwenden. Erinnerungen, Gedanken und Gefühle werden durch ihre Anwendung geformt. Sie ist zudem eine Energie unter unserer Kontrolle, mit der wir nach Belieben umgehen können. Daher ist Aufmerksamkeit das wichtigste Werkzeug bei der Aufgabe, die Qualität von Erfahrungen auf eine höhere Stufe zu bringen" (ebd., 53 f.).

4.2 Motivationale und emotionale Energie

Die motivationalen und emotionalen Komponenten der Energie zeigen sich jedoch als eine Art „Beziehungsenergie" in spezifischen Verhaltensweisen, die stark in sozialen Kontexten deutlich werden. Positive Energie ist daher primär ein Produkt aufblühender interpersonaler Beziehungen. Und positive Energie meint hier nicht dasselbe wie Extraversion oder ein Dauergrinsen. Vielmehr zeigt sie sich in charakteristischen Verhaltensweisen in sozialen Kontexten und ist keine Persönlichkeitseigenschaft; Tests anhand des Big-Five-Persönlichkeitsinventars ergaben keine Übereinstimmungen. Das bedeutet, dass positive Energie unterrichtet und gelernt werden kann und „effektive positive Führer nehmen sie wahr, belohnen sie und fördern die positiven Energetisierer" (Cameron 2013, S. 77). Energetisierer helfen anderen aufzublühen, sind vertrauenswürdig und integer, sind zuverlässig, nutzen eine Sprache der Fülle, sind achtsam und vollkommen engagiert, sind echt und authentisch, sehen Chancen und Möglichkeiten. Sie lösen Probleme und drücken Dankbarkeit und Bescheidenheit aus.

Im Gegensatz dazu verringern „negative Energetisierer" das Energieniveau, den Enthusiasmus, das Wohlgefühl des Umfelds, indem sie das gegenteilige Verhalten zeigen. In gesteigerter Form stecken diese De-Energetisierer das Umfeld so stark an, dass deren Energie ebenfalls schwindet (Abb. 4.1). De-Energetisierer machen müde; ziehen runter.

Um zu testen, ob ein Mensch eher positiv oder negativ energetisiert, haben sich fünf Fragen als zur Messung valide erwiesen:

1. „Ich fühle mich belebt, wenn ich mit dieser Person interagiere.
2. Nachdem ich mit diesem Menschen zu tun hatte, fühle ich mehr Energie, meine Arbeit zu tun.
3. Ich fühle wachsende Vitalität, wenn ich mit dieser Person interagiere.
4. Ich würde zu diesem Menschen gehen, wenn ich mal raufgezogen werden wollte.

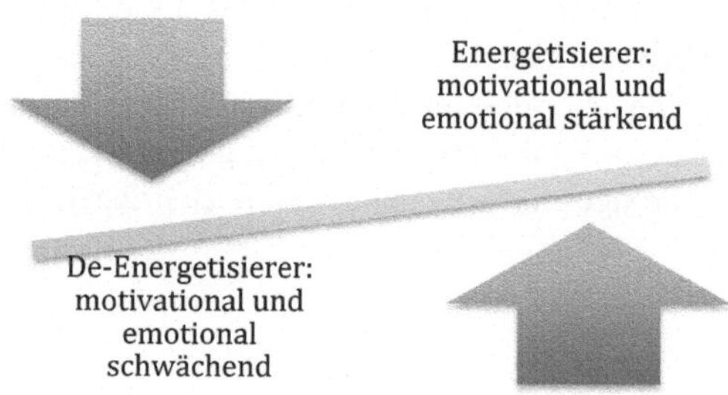

Abb. 4.1 Richtungen der Energetisierung

5. Nach einem Austausch mit dieser Person fühle ich mehr Ausdauer bei meiner
   Arbeit" (ebd., S. 55).

Menschen, die im Team ein hohes energetisches Niveau haben, sind als High-Per-
forming-Teams sehr energiegeladen und leistungsstark. Anhand der obigen Fragen könnte in einer 360-Grad-Analyse die Energie aller Teammitglieder durch das
Feedback zu obigen Fragen in Ratingskalen (0 bis 10 z. B.) eingeschätzt werden
und so ein Teamniveau ermittelt werden. Oder wir machen das Kriterium „Ener-
gie-Niveau" zu einem wesentlichen Entscheidungskriterium bei Stellenbesetzun-
gen. Das letzte Kapitel dieses Bandes bringt alle relevanten Verhaltensstrategien
auf den Punkt.

Positive Kommunikation 5

Die Workshopbeschreibung der Universität Rostock (o. J.) zur Positiven Kommunikation bringt es auf den Punkt: „Immer lächeln? Alles rosarot sehen? Mitnichten!" (Universität Rostock). Statt dieses oberflächlichen Gelächels geht es bei positive Kommunikation um viel mehr als das: Wohlwollende Beziehungen geben starken Rückenwind für ein wohlbefindliches, gelingendes Leben. Ob wir Rückenwind geben (und natürlich auch durch andere bekommen), lässt sich leicht anhand der Art und Häufigkeit der Äußerungen ablesen, denn *das Verhältnis von positiven zu negativen Bemerkungen ist ungeheuer aussagekräftig bezüglich der weiteren Entwicklung der Freundschaft, Partnerschaft, der Arbeitsgruppe, der Organisation und des Selbst.* Menschen brauchen, so die niederländische Psychotherapeutin Fredrike Bannink, ein spezifisches Verhältnis von positiven zu negativen Emotionen, wenn sie sich entwickeln wollen, denn es gibt, „ein ‚Umschlagen' von mangelhaftem oder durchschnittlichem Gelingen zu sehr gutem Gelingen. Man sagt dann, dass jemand *aufblüht.* Dieses Verhältnis bezeichnet man als Positivitätsquotienten. Studien zeigen, dass im Verhältnis zu jedem negativen Gefühl mehrere positive Gefühle notwendig sind, um ein Gleichgewicht zu wahren oder damit einem etwas gelingt" (Bannink 2012, S. 46, Herv. i. O.).

Schlechte energetische Zustände – es geht nicht gut – weisen ein Verhältnis von positiven zu negativen Äußerungen von 1:1 oder sogar noch schlechter auf. Die meisten Menschen liegen bei 2:1 – somit schon bei einem Überwiegen der positiven Äußerungen, aber diese Rate reicht für das persönliche Wachstum noch nicht aus. Ideal für unser individuelles Aufblühen läge sie, wie der Mathematiker Losada gemeinsam mit der Emotionspsychologin Fredrickson herausgefunden hat, bei rund 3:1 („Positivitätsquotient" oder „Losada-Rate"). Wichtig sind demnach auch die Selbstgespräche: Wie sich ein Mensch gedanklich selbst bewertet, ist zentral für sein persönliches Wachstum. Wir sollten uns selbst wesentlich häufiger positives als negatives Feedback geben.

© Springer Fachmedien Wiesbaden 2016 31
M. Brohm, *Positive Psychologie in Bildungseinrichtungen,* essentials,
DOI 10.1007/978-3-658-13049-7_5

In Arbeitsgesprächen oder Teamsitzungen beispielsweise werden diese Äußerungen verbalisiert und der Quotient liegt noch höher: Losada und Heaphy untersuchten die Gespräche von über 60 Arbeitsgruppen in Unternehmen und es zeigte sich, dass in Top-Management-Teams von Hochleistungsorganisationen der Quotient von positiven zu negativen Äußerungen bei 5,6 zu 1 – also knapp 6:1 – lag. Diese Teams blühen auf, sind motiviert, produktiv und effektiv (Losada und Heaphy 2004).

Erst ab einem Quotienten von mehr als 11:1 schlägt der positive Effekt ins Negative um, denn zu viel Positivität kann Selbstzufriedenheit und Mittelmaß als Standard festschreiben. Und diese Rate gilt nicht nur in Teams, sondern auch in Beziehungen (Fredrickson und Losada 2005). Anscheinend fehlt dann das negative Regulativ, um die positiven Bemerkungen überhaupt noch wahrnehmen zu können – aber davon sind wir mit durchschnittlich 2:1 ohnehin meist weit entfernt.

Ähnliches gilt übrigens auch für partnerschaftliche Beziehungen: Der Psychologe Gottman kommt nach jahrelangen Analysen von Partnerschaftsgesprächen zu dem Schluss, dass schlicht das Verhältnis von positiven zu negativen Botschaften die Scheidungsrate bei Ehen über einen Zeitraum von zehn Jahren mit einer Sicherheit von 94 % voraussagt. 1:1 oder noch darunter hat kaum Bestand („Gottman index").

Als Faustformel können wir von mindestens 3:1 positiven zu negativen Emotionen bei uns selbst und mindestens 5:1 in Arbeitsgruppen und Beziehungen ausgehen. Fredrickson und Losada (2005) fanden heraus, *dass das optimale Verhältnis mit der höchsten Produktivität zwischen 3 und annähernd 8 positiven Statements auf jedes negative Statement liegt.*

Es liegt somit nahe, unsere negativen Gefühle, Bemerkungen und Gesten zu verringern und uns gegenseitig wertzuschätzen. Hilfreich sind hier:

- Genaues Zuhören und Hinhören, auch besonders auf das, was nicht gesagt wird. Kurze Kommentare wie etwa „interessantes Gespräch", „spannender Vortrag", „danke für deine tolle Unterstützung", „was für eine wichtige Frage" usw. Einfach spontan sagen, was positiv auffällt.
- Nonverbale Wertschätzung, wie z. B. Blickkontakt, bestätigendes Nicken, interessierte, erstaunte Blicke.
- Explizites Lob wirkt insbesondere, wenn es auf Handlungen und Verhalten jenseits des Selbstverständlichen zielt. Dieses „Selbstverständliche" hängt natürlich vom jeweiligen Leistungsvermögen ab.

Will man die Beziehungsqualität nachhaltig verbessern, sind auch die Untersuchungen von Shelly Gable (2006) spannend, denn sie wies nach, dass die Qualität einer Beziehung sich besonders in der *Reaktion auf das Erzählen von Erfolgserlebnissen oder anderen positiven Erlebnissen zeigt,* denn die Reaktion kann die Beziehung festigen oder aushöhlen. Seligman (2012) schlägt daher vor, aktiv und konstruktiv zu reagieren, wenn Gesprächspartner von Erfolgen berichten. Die Beziehung wird somit gestärkt. Aktiv-konstruktiv heißt

- Ausschau halten nach erfolgreichen, positiven Ereignissen des Anderen,
- aufmerksam hinhören und zuhören, wenn uns jemand etwas Gutes erzählt, das ihr/ihm passiert ist,
- aktiv und konstruktiv reagieren durch Blickkontakt, offene Körpersprache, verstärken des Ereignisses durch Fragen,
- uns viel Zeit für das Wiederholen des positiven Ereignisses nehmen. Einsilbige Antworten sollten vermieden werden (vgl. Seligman 2012, S. 80).

Haben wir mehrere positive Energetisierer in der Organisation oder der Abteilung, *können wir uns als eine interne Mastermind-Gruppe verstehen, die sich regelmäßig trifft, Informationen teilt und sich gegenseitig beim Erreichen ihrer Ziele unterstützt, indem sich die Mitglieder gegenseitig herausfordern, helfen und brainstormen.* Wirksam ist auch, sich in der Mastermind-Gruppe in regelmäßigen Progress Reports gegenseitig die Fortschritte zu berichten und so über sich selbst hinauszuwachsen.

Im Übrigen gilt, dass

- belastende Worte in der Kommunikation nach und nach durch energetisierende ersetzt werden sollten und
- wir das Wort „wir" häufiger nutzen sollten als das Wort „ich", da „wir" das Sinnerleben am Arbeitsplatz steigert.

Und schließlich: Fragen führen in eine bestimmt energetische Richtung. Wollen wir Kraft in der Organisation oder bei einzelnen Mitarbeiter(inne)n wecken, sollten wir nach Fortschritten fragen und nicht nach Schwierigkeiten, Hindernissen, Blockaden. Wenn diese auftauchen, gilt immer noch die Frage nach Situationen, in denen diese nicht auftauchen, als die beste.

Sinn-Erleben 6

Der Mensch ist ein Wesen auf der Suche nach Sinn, um es frei mit Victor Frankl zu sagen. Sinndefizite sind daher zentrale seelische Konflikte. Unerfüllter Sinn oder auch falsch erfüllter Sinn führt zu Sinnlosigkeit, zu „existenziellen Frustrationen". Und „existenzielle Frustration" – um in der Sprache Frankls zu bleiben – will abgewehrt werden – löst also aktiven oder passiven Widerstand aus. Aktiv z. B. als Gegenargumentation, Vorwürfe, Drohungen, Polemik, sturer Formalismus, Streit, Intrigen, Gerüchte, Cliquenbildung, passiv in Form von Schweigen, Bagatellisieren, ins Lächerliche ziehen, Unwichtiges tun, Müdigkeit, Fernbleiben, innerer Emigration oder Krankheit (vgl. Doppler und Lauterburg 2002, S. 296).

Sinnlosigkeitsgefühle durch Verweis auf den schnöden Mammon oder Gehaltserhöhungen bremsen zu wollen greift oft zu kurz: Infolge der weltweiten Banken- und Finanzkrise (seit 2009) verlieren rein materielle Anreizsysteme zunehmend an Wert. Zudem sind viele Mitarbeiter/innen, zumal aus der mittleren und älteren Mitarbeitergeneration, materiell recht satt und durch finanzielle Anreizsysteme kaum noch zu bewegen. Schafft unser Tun hingegen einen tieferen Ertrag und wissen wir, warum wir etwas tun, tun wir es tendenziell früher, schneller und besser, denn Sinn-Erleben steigert die Leistungsfähigkeit. Und die Lebensfreude!

Daher scheint eine der wichtigsten Führungsaufgaben zu sein, unseren Mitarbeiter(inne)n zu ermöglichen, ihre eigene Tätigkeit als sinnvoll zu erachten, Sinn zu stiften. Sinn wird damit zu einer relevanten Steuerungsgröße.

Seliger weist darauf hin, dass die Sinnfrage auf ein „größeres Ganzes verweist, dessen Teil wir sind. Im Zusammenhang mit Organisationen bedeutet die Sinnfrage, ein ‚großes Bild' vom Nutzen, Zweck und der Bedeutung ihrer ‚Werke' zu schaffen, das die Mitglieder der Organisation kennen und mit dem sie sich identifizieren können" (Seliger, S. 79). Organisationen, denen ihr Sinn verloren gegangen sei, verlören Energie bzw. könnten kaum neue Energie mobilisieren. „Sinn ist ein Energizer. Hochenergie-Organisationen wissen, was ihr Sinn ist" (ebd., S. 79).

© Springer Fachmedien Wiesbaden 2016
M. Brohm, *Positive Psychologie in Bildungseinrichtungen*, essentials,
DOI 10.1007/978-3-658-13049-7_6

6.1 Sinn von Organisationen

Um dem Sinn der Organisation auf die Spur zu kommen, ist es zweckmäßig, zunächst die Aufgaben der Organisation in den Blick zu nehmen (1) und sie anschließend im gesamtgesellschaftlichen Rahmen (2) zu beleuchten.

6.2 Basaler Sinn von Organisationen

Der basale Sinn einer Organisation ergibt sich zunächst aus ihrer Aufgabe, ihrem Zweck, nämlich Produkte oder Dienstleistungen für Kunden und/oder die Gesellschaft zu produzieren (ebd., S. 181). Diese Aufgaben und Dienstleistungen sind im Organisationsleitbild oder im Öffentlichen Dienst in den grundlegenden Gesetzestexten festgehalten.

Nehmen wir zum Beispiel Universitäten in Rheinland-Pfalz. Ihre Aufgaben sind im Hochschulgesetz (HochSchG) klar definiert und umfassen insbesondere:

- die „Pflege und … Entwicklung der Wissenschaften und der Künste durch Forschung, Kunstausübung, Lehre und Studium".
- Sie „bereiten auf berufliche Tätigkeiten vor, die die Anwendung wissenschaftlicher Erkenntnisse und wissenschaftlicher Methoden (…) erfordern".
- Die Universitäten „fördern den wissenschaftlichen und künstlerischen Nachwuchs".
- Sie stellen „Angebote der wissenschaftlichen und künstlerischen Weiterbildung bereit; sie beteiligen sich an Veranstaltungen der Weiterbildung".
- Sie fördern „die internationale, insbesondere die europäische Zusammenarbeit im Hochschulbereich".
- Sie fördern „den Wissens- und Technologietransfer" u. v. m. (Ministerium der Justiz 2011, o. S.).

Dieses sind die von den Rheinland-Pfälzischen Universitäten zu leistenden Dienstleistungen – ihr basaler Sinn sozusagen.

6.3 Gesellschaftlicher Sinn: Teilhaben an etwas Größerem

Im Sinne einer gesamtgesellschaftlichen Verantwortung aber können und müssen Organisationen mehr sein als schlichte Produzenten und Dienstleister. Seliger weist in diesem Zusammenhang auf den Wirtschaftspsychologen David Cooperrider hin, der eine Corporate Social Responsibility (CSR) anmahnt: Er spricht von „Business As an Agent of World Benefit", und nimmt „Organisationen in die Pflicht und in ihre Verantwortung für die Entwicklung der Gesellschaft" (Seliger 2014, S. 183). Es geht also um Ethik und gesellschaftliche Verantwortung, denn „Organisationen müssen sich an ihrem gesellschaftlichen Nutzen messen lassen, und das bedeutet, dass ihr Überleben an Fragen des gesellschaftlichen Sinns und Wertes gekoppelt sein muss" (ebd., S. 184). Also: „Welchen Nutzen stiften wir für den Gesamtprozess: Was würde im Prozess fehlen, wenn wir unseren Beitrag nicht leisten?" (S. 144). So bekräftigt die Universität Hildesheim in ihrem Leitbild: „Wir sind uns der besonderen Verantwortung gegenüber der Gesellschaft und der Kultur bewusst, von der wir getragen und gefördert werden und die wir zugleich mit tragen und fördern wollen. Eine enge Vernetzung mit der Bürgergesellschaft und ihren Institutionen gehört deshalb zu unseren zentralen Anliegen" (Universität Hildesheim 2011, S. 2).

Diese ethische Verpflichtung der Organisation versetzt auch den Mitarbeiter in die Lage, seine Arbeit als Teil des Nutzens für das große Ganze wahrzunehmen. Organisationsvisionen helfen hier. Und dass Visionen – auch hinsichtlich ihres ethischen Anspruchs – groß sein sollen, damit sie Zugkraft entwickeln, wissen wir lange aus der Leistungsmotivationsforschung. Wir können es daher auch hinsichtlich unseres gesamtgesellschaftlichen organisationalen Anspruchs mit dem russischen Revolutionär Michail Bakunin (1814–1876) halten: Diejenigen, die immer nur das Mögliche fordern, erreichen gar nichts. Diejenigen, die aber das Unmögliche fordern, erreichen wenigstens das Mögliche.

Hoch energetisierend wirkt der Sinn, wenn Arbeit als sinnstiftende Verwirklichung des Selbst verstanden wird und ein oder mehrere der folgenden Kriterien zutreffen (Abb. 6.1): Die Arbeit in der Organisation hat

1. eine wichtige positive Wirkung auf das Wohlergehen von Menschen,
2. ist mit wichtigen Tugenden oder persönlichen Werten verbunden,
3. baut unterstützende Beziehungen oder einen Gemeinsinn auf,
4. hat einen Effekt, der über die eigene Zeit hinausgeht oder löst einen „rippleEffekt" (Welleneffekt) aus (vgl. Cameron 2012, S. 93 f.).

Positive Organisationen fragen sich daher nach der Wirkung auf das Wohlergehen der Menschen (1), nach ihren Tugenden und Werten (2), nach dem Aufbau unterstützender Beziehungen (3) und weiterreichenden Effekten (4):

1. Hat unsere Organisation eine oder mehrere positive Wirkungen auf das Wohlergehen der Menschen?

Die o. g. universitären Dienstleistungen lassen sich leicht hinsichtlich des Wohlergehens der Menschen zusammenfassen: Wir

Abb. 6.1 Organisationaler Sinn

- sorgen für die Entwicklungen in Wissenschaft und Künsten,
- versorgen den Arbeitsmarkt mit hoch qualifizierten Arbeitnehmer(inne)n,
- bereiten Menschen darauf vor, in der Wissenschaft Fuß zu fassen,
- bieten Menschen die Möglichkeit, sich auf qualitativ hohem Niveau weiterzubilden,
- tragen zum internationalen Austausch bei und
- transferieren unsere Erkenntnisse in die Gesellschaft.

Alles in allem kann man feststellen: *Die Universitäten und Hochschulen versorgen die Gesellschaft mit Erkenntnissen und Künsten und tragen so federführend zur wissenschaftlichen, wirtschaftlichen und kulturellen Prosperität der Gesellschaft bei.* Oder um es frei nach Friedrich Schleiermacher zu sagen: Das Erkennen ist der Zweck der Universität; der wahrhaftig wissenschaftliche Geist soll angeregt werden und weiterwirken.

2. Für welche wichtigen Tugenden und Werte stehen wir?

Die Kerntugenden wurden ja bereits im vierten Kapitel thematisiert. Es sind Weisheit, Mut, Menschlichkeit, Gerechtigkeit, Mäßigung und Transzendenz. Hinsichtlich des Führungsverhaltens wurden Mut, Menschlichkeit und Gerechtigkeit als Kerntugenden identifiziert. Besteht in der Organisation Einigkeit bezüglich dieser Werte? Man könnte hier an die konfuzianische Einsicht denken, dass wenn über das Grundsätzliche keine Einigkeit bestehe, es sinnlos sei, miteinander Pläne zu machen. Werden also diese wichtigen Tugenden in der Organisation gelebt? Sind sie Teil der lebendigen Arbeits- und Sozialpraxis? Überträgt sich dieses Verhalten auf die Mitarbeiter/innen? Oder wird in der Organisation eine heftig de-energetisierende Konkurrenzkultur gefördert, die sozialkannibalistische Vernichtungskämpfe provoziert? Es soll beispielsweise „Eliteinternate" geben, in denen der Wettbewerb zwischen den Zimmergenossen bewusst durch die Lehrpersonen angestachelt wird.

Hinsichtlich des organisationalen Kernauftrags sollte sich die Organisation selbst bezüglich ihrer Kerntugenden befragen. Der universitäre Kernauftrag liegt etwa – genau wie der schulische auch – klar im Bereich der Weisheit. Aus psychologischer Perspektive spielen hier insbesondere kognitive Persönlichkeitseigenschaften eine Rolle, die „dem Erwerb und der Nutzung von Wissen dienen" (Universität Zürich 2015, S. 8). Bezogen auf die Tugendhaftigkeit ist damit nicht „ein hoher IQ zu verstehen", sondern erworbenes und zum ethisch „Guten angewendetes Wissen" (ebd.). In der Charakterstärkenmatrix der Positiven Psychologie geht die Weisheit einher mit Charakterstärken wie Kreativität, Neugier, Urteilsvermögen, Wissbegierde und schließlich der Weisheit selbst, im Sinne von Weitsicht und Tiefsinn.

3. Inwiefern bauen wir unterstützende Beziehungen oder einen Gemeinschaftssinn auf?

Menschen empfinden es als außerordentlich sinnvoll, unterstützende Beziehungen aufzubauen. Das ist auch evolutionär erklärbar: Eine Gruppe ist überlebensfähiger als isolierte Individuen. Beitrag-zum-Gemeinwohl-Ziele führen zu stärkerer Leistungs- und Lernorientierung, zwischenmenschlichem Vertrauen, Unterstützung usw. Führungskräfte sollten daher Gemeinschaftsziele Vereinzelungszielen vorziehen.

Die positive Wirkung der Arbeit auf andere Menschen zeigt sich in Situationen, in welchen Mitarbeiter/innen positive Effekte ihrer Arbeit auf andere Menschen wahrnehmen. Daher ist es eine erfolgversprechende Führungsstrategie, die Mitarbeiter in direkten Kontakt mit denjenigen zu bringen, die von den positiven Effekten profitieren.

Cameron erzählt das Beispiel von Wissenschaftlichen Hilfskräften, die an einer Uni die Alumnis anrufen sollten, um Sponsoren für Studienstipendien zu finden. Dies geschah relativ lust- und erfolglos. Dann brachte man diese Hilfskräfte mit den Studierenden zusammen, die mithilfe dieser Spenden studieren konnten und es ohne diese niemals hätten tun können – und in der Folgezeit wuchs die Anzahl der Telefonate und deren Erfolg rasant.

4. Bauen wir etwas über unsere gegenwärtige Zeit hinaus auf oder erzeugen einen ripple-Effekt (Welleneffekt)?

Es scheint ein starker menschlicher Wunsch zu sein, ein Vermächtnis zu schaffen, das über die eigene Zeit hinausreicht (Cameron). „We call it ‚catch the fever' because you are actually becoming part of something historical". Menschen wollen stolz sein auf das, was sie tun, und dazu beitragen, etwas Besonderes zu schaffen. Wie stolz waren die Berliner „Mauerfäller", wie stolz können die Helfer in Flüchtlingsheimen sein, wie stolz könnten Lehrer und Hochschullehrer sein, die Kinder, Jugendlichen und jungen Erwachsenen stark zu machen für die leistungsstarke und humanistische Welt von morgen? So bekennt beispielsweise die Universität Hamburg: Die Mitglieder der Universität wollten „zur Entwicklung einer humanen, demokratischen und gerechten Gesellschaft beitragen" (Universität Hamburg 1998, o. S.), die Universität Leipzig „fördert die Entwicklung ihrer Studierenden zu kritikfähigen und toleranten Menschen, die in der Lage sind, Initiative zu entwickeln und Verantwortung zu übernehmen" (Universität Leipzig 2005).

6.4   Sinn-Erleben des Individuums

Energetisch wichtig ist, dass die Führungskräfte dafür sorgen, dass die Mitarbeiter/innen den organisationalen Beitrag zum großen Ganzen kennen und ihr individueller Anteil daran deutlich wird. Denn der Gesamtzusammenhang mobilisiert Energie.

Auf Individualebene entsteht das Sinn-Erleben, wenn der Arbeitszusammenhang innerhalb des großen Ganzen erkannt wird und die eigene Tätigkeit den eigenen Fähigkeiten möglichst stark entspricht.

So sollte jeder Mitarbeiter „ein klares Bild davon haben, welchen Nutzen seine Aufgabe für

- seine Kollegen,
- die Abteilung,
- das Unternehmen,
- die Kunden und
- die Gesellschaft hat" (Seliger 2014, S. 142).

Auch der kleinste Beitrag ist Beitrag zum Gesamterfolg: Was du tust, ist gut und richtig! Was du tust, ist wichtig für das Gesamte! Du bist wichtig! Was du tust, hat einen Nutzen für das Ganze!

Möglich wird dies durch die Transparenz der Prozesse und bzgl. des Stellenwerts aller, auch der kleinsten Beiträge. Der New Yorker Hauptbahnhof, Grand Central, ist eine wundervolle Art-Deco-Halle aus dem 20. Jahrhundert. Dort stehen nicht einfach Mülleimer mit schlichten Anweisungen („Abfall hier einwerfen!" o. Ä.), sondern sinngebende Schönheitsmahner. Jede Mülltonne ist bedruckt mit: „Thank you for keeping Grand Central beautiful." Jeder, der seinen Pappbecher entsorgt, trägt bei zur Schönheit des Ganzen.

Cameron geht davon aus, dass man jeden Job reframen und ihm dadurch Sinn verleihen kann: „Put another way, exactly the same task may be viewed as a job or a calling depending on the perspective of the individual" (Cameron 2012, S. 92). Cameron nennt das Beispiel einer Putzfrau auf einer Onkologie, die das Erbrochene und die Exkremente der Patienten wegputzen musste (Krebs-Bestrahlungsstation): „My job is equally important to the physicians. I help these people feel human. At their lowest and most vulnerable point, I help them maintain their dignity. I make it okay to feel awful, to lose control, and to be unable to manage themselves. My role is crucial to the healing process" (Cameron 2012, S. 92 f.) – „… ich helfe ihnen, ihre Würde zu bewahren…" Das ist die Reinterpretation einer schwierigen Arbeit zu einer Berufung, die tiefen Sinn hat.

Inventar: Strategien positiver Führung auf einen Blick 7

Hier nun finden Sie die zentralen Elemente positiven Führungsverhaltens in kompakter Form (Tab. 7.1) als Fragebogen: Das Inventar zu Strategien positiver Führung (ISpoF). Bitte schätzen Sie sich und Ihre Organisation anhand der folgenden 33 Fragen ein. Dieses Inventar können Sie als eigenes Feedback- und Entwicklungsinstrument nutzen.

© Springer Fachmedien Wiesbaden 2016
M. Brohm, *Positive Psychologie in Bildungseinrichtungen*, essentials,
DOI 10.1007/978-3-658-13049-7_7

Tab. 7.1 Inventar Strategien positiver Führung (ISpoF)

		Trifft zu	Trifft eher zu	Teils-teils	Trifft eher nicht zu	Trifft nicht zu
	Allgemein					
1	Ich fokussiere meinen Blick auf das Wohlbefinden der Menschen in meiner Organisation.					
2	Misserfolge definiere ich als Lern- und Entwicklungschancen, ich suche in ihnen das Wachstumspotenzial.					
3	Meine Aufmerksamkeit richtet sich auf die vitalen Elemente oder produktiven und generativen Prozesse.					
4	Ich suche in meiner Organisation ständig nach positiv devianten Leistungen: nach virtuoser, exzellenter, außerordentlicher, außergewöhnlicher individueller oder organisationaler Performanz – nach Einzigartigkeit.					
	Positives Klima					
5	Mein Menschenbild ist von der Annahme geprägt, dass Menschen im Kern gut sind, positive Verhaltensweisen zeigen und sich als Menschen entwickeln wollen (Humanismus).					
6	Ich lebe die Kerntugenden der Führung vor: Mut, Menschlichkeit, Gerechtigkeit.					
7	Ich lebe aufbauende Werte vor, wie etwa gegenseitige Unterstützung, Gerechtigkeit, Mitfühlen, Freundlichkeit, Mut, Wohlwollen.					
8	Unsere Verhaltensweisen, Gebäude, Logos, Bilder und Rituale spiegeln unsere Werte wider.					
	Positive Beziehungen					
9	Ich kenne und stärke die Stärken und Fähigkeiten meiner Mitarbeiter.					
10	Ich schaffe menschliche Nähe, indem ich meine Mitarbeiter • intensiv wahrnehme • eigene Gefühle ausdrücke • Gefühle in die Entwicklung der Organisation einbinde.					
11	Ich stärke positive Gefühle. Insbesondere Hoffnung, Enthusiasmus, Bindungsfähigkeit, Neugier und Dankbarkeit.					
12	Ich bin hoch energetisch und verlebendige die Prozesse.					
13	Ich helfe anderen dabei, aufzublühen.					
14	Ich bin vertrauenswürdig und integer.					
15	Ich bin zuverlässig.					
16	Ich nutze eine Sprache der Fülle.					
17	Ich bin achtsam und vollkommen engagiert.					
18	Ich bin echt und authentisch.					
19	Ich sehe Chancen und Möglichkeiten.					
20	Ich löse Probleme.					
21	Ich drücke Dankbarkeit und Bescheidenheit aus.					
22	Ich verbinde mich mit hoch energetischen Menschen.					

Tab. 7.1 (Fortsetzung)

	Positive Kommunikation					
23	Ich ziele auf einen Positivitätsquotienten von mindestens 5:1 (fünf positive zu einer negativen Rückmeldung).					
24	Ich kommentiere oft kurz positiv nonverbal oder verbal.					
25	Ich höre genau zu und hin.					
26	Ich lobe oft, insbesondere bei Handlungen, die außerhalb des Selbstverständlichen liegen.					
27	Meine Fragen zielen eher auf Ressourcen als auf Probleme.					
28	Ich halte Ausschau nach erfolgreichen, positiven Ereignissen und Erfahrungen des Anderen.					
	Positives Sinn-Erleben					
29	Meine Organisation hat eine wichtige positive Wirkung auf das Wohlergehen von Menschen.					
30	Meine Organisation ist mit wichtigen Tugenden oder persönlichen Werten verbunden.					
31	Meine Organisation baut unterstützende Beziehungen oder einen Gemeinsinn auf.					
32	Meine Organisation hat einen Effekt, der über die eigene Zeit hinausgeht oder löst einen „ripple-Effekt" (Welleneffekt) aus.					
33	Meine Mitarbeiter haben ein klares Bild davon, welchen Nutzen ihre Aufgabe die Organisation, Abteilung, Kunden, Gesellschaft usw. haben, denn auch der kleinste Beitrag ist Beitrag zum Gesamterfolg: Was du tust, ist gut und richtig!					

Was Sie aus diesem *essential* mitnehmen können

- Das energetische Niveau einer Bildungsorganisation lässt sich durch positiv-psychologische Maßnahmen heben.
- Positive Führung sucht nach positiver Devianz und fördert diese.
- Positive Organisationen richten sich aus auf ein positives Organisationsklima, stärkende Beziehungen, unterstützende Kommunikation und hohes Sinn-Erleben der Mitarbeiter/innen.

© Springer Fachmedien Wiesbaden 2016
M. Brohm, *Positive Psychologie in Bildungseinrichtungen,* essentials,
DOI 10.1007/978-3-658-13049-7

Literatur

Asplund, J., & Blacksmith, N. (2012). Productivity through strengths. In K. S. Cameron & G. M. Spreitzer (Hrsg.), *Handbook of positive organizational scholarship* (S. 353–365). New York: Oxford University Press. http://www.enhancingpeople.com/paginas/master/Bibliografia_MCP/Biblio03/PRODUCTIVITY%20THROUGH%20%20STRENGTHS.pdf. Zugegriffen: 18. Nov. 2015.

Asplund, J., Lopez, S., Hodges, T., & Harter, J. (2009). *The clifton strengths finder 2.0 technical report: Development and validation*. Princeton: Gallup.

Baker, W. (2004). Half-baked brown bag presentation on positive energy networks. Unpublished manuscript. University of Michigan Business School.

Baker, W., Cross, R., & Parker, A. (2003a). What creates energy in organizations? *MIT Sloan management review, 44*(4), 51–56.

Baker, W., Cross, R., & Wooten, M. (2003b). Positive organizational network analysis and energizing relationships. In K. Cameron, J. Dutton, & R. Quinn (Hrsg.), *Positive organizational scholarship: Foundations of a new discipline* (S. 328–342). San Francisco: Berrett-Kohler.

Bannink, F. (2012). *Praxis der Positiven Psychologie*. Weinheim: Beltz.

Bauer, J. (2009). Beziehungsgestaltung als Voraussetzung von Motivation. Die Schule aus dem Blickwinkel der Neurobiologie. *diesseits*, 88. http://www.schattenblick.de/infopool/weltan/human-vd/whwis014.html. Zugegriffen: 19. Nov. 2015.

Bennis, W. G., Benne, K. D., & Chin, R. (1969). *The planning of change* (2. Aufl.). New York: Holt, Rinehart & Winston, Inc.

Berkemeyer Unternehmensbegeisterung. (2014). Gallup Studie. http://berkemeyer.net/news/gallup-studie/. Zugegriffen: 24. Nov. 2015.

Brohm, M. (2009). *Sozialkompetenz und Schule. Theoretische Grundlagen und empirische Befunde zu Gelingensbedingungen sozialbezogener Interventionen*. Weinheim: Juventa.

Brohm, M. (2015). *Motiviert studieren*. Paderborn: UTB.

Brohm, M., & Endres, W. (2015). *Positive Psychologie in der Schule*. Weinheim: Beltz.

Cameron, K. (2012). *Positive leadership. Strategies for extraordinary performance*. New York: Mcgraw-Hill Education Ltd.

Cameron, K. (2013). *Practicing positive leadership. Tools and techniques that create extraordinary results*. San Francisco: Berrett-Koehler Publishers.

© Springer Fachmedien Wiesbaden 2016
M. Brohm, *Positive Psychologie in Bildungseinrichtungen*, essentials,
DOI 10.1007/978-3-658-13049-7

Cameron, K., & McNaughtan, J. (2014). Positive organizational change. *The Journal of Applied Behavioral Science, 50*(4), 445–462. http://jab.sagepub.com/content/50/4/445.full.pdf+html. Zugegriffen: 18. Nov. 2015.

Cameron, K., Mora, C., Leutscher, T., & Calarco, M. (2011). Effects of positive practices on organizational effectiveness. *Journal of Applied Behavioral Science, 47*(3), 266–308. http://jab.sagepub.com/content/early/2011/01/26/0021886310395514.full.pdf+html. Zugegriffen: 18. Nov. 2015.

Clifton, D. O., & Harter, J. K. (2003). Investing on strengths. In K. S. Cameron, J. E. Dutton, & R. E. Quinn (Hrsg.), *Positive organizational scholarship* (S. 111–121). San Francisco: Berrett-Koehler. http://bfeild.typepad.com/transcending_leadership/Investing%20in%20Strengths.pdf. Zugegriffen: 18. Nov. 2015.

Cohn, M. A., & Fredrickson, B. L. (2011). Positive emotions. In C. R. Snyder & S. J. Lopez (Hrsg.), *Handbook of positive psychology* (2. Aufl., S. 13–24). New York: Oxford University Press.

Csikszentmihalyi, M. (1996). *Creativity. Flow and the psychology of discovery and invention*. New York: Harper Perennial.

Deci, E. L., & Ryan, R. (1993). Die Selbstbestimmungstheorie der Motivation und ihre Bedeutung für die Pädagogik. *Zeitschrift für Pädagogik, 93*(2), 223–239. https://selfdeterminationtheory.org/SDT/documents/1993_DeciRyan_DieSelbstbestimmungstheoriederMotivation-German.pdf. Zugegriffen: 19. Nov. 2015.

Deutsche Forschungsgemeinschaft. (2015). *Förderatlas 2015. Kennzahlen zur öffentlich finanzierten Forschung in Deutschland*. Weinheim: WILEY-VCH Verlag GmbH & Co. KGaA. http://www.dfg.de/download/pdf/dfg_im_profil/zahlen_fakten/foerderatlas/2015/dfg_foerderatlas_2015.pdf. Zugegriffen: 18. Nov. 2015.

Doppler, K., & Lauterburg, C. (2002). *Change Management. Den Unternehmenswandel gestalten*. Frankfurt a. M.: Campus.

Dutton, J. E., & Ragins, B. R. (2007). *Exploring positive relationships at work*. Mahwah: Erlbaum.

Fredrickson, B. L. (2001). The role of positive emotions in positive psychology. The Broaden-and-Build Theory of positive emotions. *The American Psychologist, 56*(3), 218–226.

Fredrickson, B. L. (2003). The value of positive emotions. The emerging science of positive psychology is coming to understand why it's good to feel good. *American Scientist, 91,* 330–335. http://www.unc.edu/peplab/publications/Fredrickson_AmSci_English_2003.pdf. Zugegriffen: 19. Nov. 2015.

Fredrickson, B. L., & Losada, M. F. (2005). Positive affect and the complex dynamics of human flourishing. *American Psychologist, 60,* 678–686.

Gable, S. L., Gonzaga, G. C., & Strachman, A. (2006). Will you be there for me when things go right? Supportive responses to positive event disclosures. *Journal of Personality and Social Psychology, 91*(5), 904–917.

Gallup, (2014). Engagement Index Deutschland. http://www.gallup.com/de-de/181871/engagement-index-deutschland.aspx. Zugegriffen: 18. Nov. 2015.

Gerrig, R. J., & Zimbardo, P. G. (2008). *Psychologie* (Pearson Studium – Psychologie, 18. neubearbeitete Aufl.). Hallbergmoos: Pearson Studium.

Grenville-Cleave, B. (2012). *Introducing positive psycholog. A practical guide*. London: Icon Books.

Kienbaum. Kienbaum-Studie zum Mitarbeiter-Engagement im weltweiten Vergleich. http://www.kienbaum.de/desktopdefault.aspx/tabid-68/149_read-756/148_read-194/. Zugegriffen: 26. Nov. 2015.

Landesakademie für Fortbildung und Personalentwicklung an Schulen. (2011). Kommunikation in der Schule. http://lehrerfortbildung-bw.de/bs/bsueb/if/beziehungsgestaltung/beziehungsgestaltung_august11.pdf. Zugegriffen: 24. Nov. 2015.

Luthans, F., Avey, J. B., Avolio, B. J., Norman, S. M., & Combs, G. M. (2006). Psychological capital development: Toward a micro-intervention. *Journal of Organizational Behaviour, 27,* 387–393. https://www.uws.edu.au/__data/assets/pdf_file/0011/529355/PsyCapintervention.pdf. Zugegriffen: 18. Nov. 2015.

Maslow, A. (2014). *Motivation und Persönlichkeit* (18. Aufl.). Hamburg: Rororo.

Max-Planck-Gesellschaft. (2014). Dein Stress ist auch mein Stress. https://www.mpg.de/forschung/stress-empathie. Zugegriffen: 24. Nov. 15.

Ministerium der Justiz und für Verbraucherschutz. (2010). Hochschulgesetz (HochSchG), § 2. http://landesrecht.rlp.de/jportal/portal/t/1cdc/page/bsrlpprod.psml/action/portlets.jw.MainAction?p1=4&eventSubmit_doNavigate=searchInSubtreeTOC&showdoccase=1&doc.hl=0&doc.id=jlr-HSchulGRP2010pP2&doc.part=S&toc.poskey=#focuspoint. Zugegriffen: 24. Nov. 15.

Nink, M. Engagement Index. Die neuesten Daten und Erkenntnisse aus 13 Jahren Gallup-Studie. München. Redline.

Peterson, C., & Seligman, M. E. P. (2004). *Character strengths and virtues. A classification and handbook.* New York: Oxford University Press.

Ruch, W., Proyer, R. T., Harzer, C., Park, N., Peterson, C., & Seligman, M. E. (2010). Values in action inventory of strengths (VIA-IS). Adaptation and validation of the German version and the development of a peer-rating form. *Journal of Individual Differences, 31*(3), 138–149.

Rühle, A. (2013). Lobrede auf den Lehrer. Motivationsdroge Mensch. http://www.sueddeutsche.de/bildung/lobrede-auf-den-lehrer-motivationsdroge-mensch-1.1603652. Zugegriffen: 24. Nov. 2015.

Schein, E. H. (2009). *Organisationskultur. The ed schein corporate culture survival guide.* Bergisch Gladbach: Edition Humanistischer Psychologie. http://citeseerx.ist.psu.edu/viewdoc/download?doi=10.1.1.465.7545&rep=rep1&type=pdf. Zugegriffen: 18. Nov. 2015.

Seliger, R. (2014). *Positive Leadership. Die Revolution in der Führung.* Stuttgart: Schäffer-Poeschel.

Seligman, M. E. P. (2012). *Flourish – Wie Menschen aufblühen. Die Positive Psychologie des gelingenden Lebens.* München: Kösel Verlag.

Sharot, T., Riccardi, A. M., Raio, C. M., & Phelps, E. A. (2007). *Neural mechanisms mediating optimism bias.* London: Nature Publishing Group.

Stadtteilschule Eidelstedt. (2014). Leitbild. Unsere Schule auf dem Weg. http://www.stadtteilschule-eidelstedt.de/fileadmin/stsei/images/diverse/2014-01/Leitbild_lang.pdf. Zugegriffen: 24. Nov. 2015.

Statistisches Bundesamt. (2015). Gesundheitsberichtserstattung des Bundes. http://www.gbe-bund.de/gbe10/abrechnung.prc_abr_test_logon?p_uid=gast&p_aid=93557518&p_sprache=D&p_knoten=TR200. Zugegriffen: 24. Nov. 2015.

Ulich, K. (2001). *Einführung in die Sozialpsychologie der Schule.* Weinheim: Beltz.

Universität Hamburg. (2015). Leitbild der Universität Hamburg. https://www.uni-hamburg.de/uhh/profil/leitbild.html. Zugegriffen: 24. Nov. 2015.

Universität Hildesheim. (2011). Das Leitbild der Stiftung Universität Hildesheim. https://www.uni-hildesheim.de/media/presse/Senat/Leitbild_-_2011-11-30.pdf. Zugegriffen: 24. Nov. 2015.

Universität Leipzig. (2005). Leitbild der Universität Leipzig. https://www.zv.uni-leipzig.de/fileadmin/user_upload/Service/PDF/Publikationen/leitbild_de.pdf. Zugegriffen: 24. Nov. 2015.

Universität Rostock. (2013). Positive Kommunikation. http://www.uni-rostock.de/en/structure/start-up-office/consultation/service/qualification/events/uebersicht/positive-kommunikation/. Zugegriffen: 24. Nov. 2015.

Universität Zürich. (2015). VIA-IS. Informationen zur Interpretation Ihrer Ergebnisse. http://www.charakterstaerken.org/VIA_Interpretationshilfe.pdf. Zugegriffen: 19. Nov. 2015.

Zwenger, T. (2003). Tugend. In W. D. Rehfus (Hrsg.), *Handwörterbuch Philosophie* (S. 653). Göttingen: Vandenhoeck & Ruprecht.